*Evelyn Pschak von Rebay*

# 111 Mal sauguad essen in München

emons:

Im Buch verwendet wurde die männliche Substantivform im Plural als geschlechtsneutrale Formulierung. Immer sind alle Geschlechteridentitäten gemeint.

**Bibliografische Information der Deutschen Nationalbibliothek**
Die Deutsche Nationalbibliothek verzeichnet diese Publikation
in der Deutschen Nationalbibliografie; detaillierte bibliografische
Daten sind im Internet über http://dnb.d-nb.e abrufbar.

© Emons Verlag GmbH
Alle Rechte vorbehalten
© der Fotografien: Evelyn Pschak von Rebay, außer:
Ort 20: Dimi Katsavaris; Ort 25: Charabanc; Ort 26: Coup de Coeur;
Ort 35: Julian Bückers; Ort 36: Dirk Tacke; Ort 39: Waltz Gastro GmbH;
Ort 45: Gürmet; Ort 50: Hotel Vier Jahreszeiten Kempinski;
Ort 56: Kinky Slice; Ort 57: shytsee; Ort 58: Restaurant La Bohème
Ort 60: Le Sorelle; Ort 76: Kitchenkiss/Guido Schmelixh; Ort 80: Nikkei Kitchen;
Ort 94: coffeetherace/C. Drüke; Ort 97: Joerg Lehmann; Ort 103: Frank Stolle,
München Tourismus
© Covermotiv: shutterstock.com/Food Impressions;
Nishihama; boyphare; Photoongraphy
Gestaltung: Eva Kraskes, nach einem
Konzept von Lübbeke | Naumann | Thoben
Kartografie: altancicek.design, www.altancicek.de
Kartenbasisinformationen aus Openstreetmap,
© OpenStreetMap-Mitwirkende, ODbL
Druck und Bindung: CPI – Clausen & Bosse, Leck
Printed in Germany 2024
Erstausgabe 2022
ISBN 978-3-7408-2202-6
Aktualisierte Neuauflage Februar 2024

Unser Newsletter informiert Sie
regelmäßig über Neues von emons:
Kostenlos bestellen unter
www.emons-verlag.de

# Vorwort

111 sauguade Adressen auszusuchen, ist ein lokal-journalistisches Unterfangen im wortwörtlichen Sinne, das zu ikonischen, aber auch unbekannteren Orten führt. Manche sind versteckt, manche mittendrin, einige fleischlastig, andere verarbeiten nichts als Gemüse. Sogar ein veganes Wirtshaus ist dabei, kein Schmarrn!

Es sind Foodtrucks und Marktstände, Cafés, Bars, Eisdielen, Bäckereien und Imbisse, Biergärten, Wirtshäuser, Feinkostläden, Pizzerien, bewirtete Dachgärten, Fernsehköche und Gourmetrestaurants vertreten. Da die vergangenen Jahre der Pandemie den Lokalen alle Planung erschweren, sind die Öffnungszeiten ausnahmsweise nicht vermerkt. Einfach um zu vermeiden, dass beispielsweise ein inzwischen wieder eingeführter Mittagstisch nicht angegeben ist. Hier hilft die Internetseite weiter.

In viele Kapitel wurden quer verweisende Adressen geschmuggelt, weil 111 Mal sauguad essen noch immer viel zu eng gefasst ist angesichts all der Küchen dieser Stadt. Auch besternte Restaurants sind dabei – nur eben nicht gar so viele, weil man sich ja denken kann, dass man dort ganz gut isst. Sinn dieses Buches ist es eher, verborgenen Preziosen einen Auftritt zu verschaffen. So findet man das bekannteste Wirtshaus der Welt, das Hofbräuhaus, nicht im Buch. Nicht den einzigen Drei-Sterne-Koch Münchens Jan Hartwig und auch nicht Charles Schumann – obwohl dessen Bratkartoffeln vermögen, einen mediokren Tag in einen wunderbaren zu verwandeln – und was könnte ein Teller Größeres leisten. Genau derlei »Soul Food« versammelt – so hoffe ich! – auch dieser kulinarische Querschnitt der Stadt. Von der Auster bis zum Sauren Zipferl, vom Nationalgericht Äthiopiens bis zu den Zimtschnecken aus Giesing: 's gibt hoid nix Bessas ois wia was Sauguads!

Ihre Evelyn Pschak von Rebay

# 111 Mal sauguad essen

1    1804 Hirschau
*Von Lämmern und Löwen(-bräu)* | 10

2    Aimy
*Südostasien in der Altstadt* | 12

3    Alimentari da Graciela
*Gerichte mit Grandezza* | 14

4    Alles Wurscht
*Vom Zauber der Currywurst* | 16

5    Anne's Hausmamaskost
*Türkisch für Anne-Gänger* | 18

6    Anti
*Griechen und andere Klassiker* | 20

7    Asia Leckerbissen
*Kantonesische Kost(-barkeiten)* | 22

8    Ayinger in der Au
*Die Vettern-Wirtschaft* | 24

9    Bachmeier Genussfreuden
*Der etwas andere Fernsehteller* | 26

10    Bar Gabányi
*Gulasch fürs Gemüt* | 28

11    Bar Montez
*Mezcal für Monarchen* | 30

12    Bartu Bio-Eis Manufaktur
*Eis und Pizza, Pizza und Eis* | 32

13    Bazi's Schlemmerkucherl
*Heimat auf die Hand* | 34

14    Beirutbeirut
*Ein Teller mit allem, ein Teller mit Adel* | 36

15    Bellevue di Monaco
*Engagement und Erdnusseintopf* | 38

16    Bep Ho
*Dahin, wo der Pfeffer wächst* | 40

17    Blue Nile 2
*Huhn und Honigwein* | 42

18    bodhi
*Bier statt Tier: das vegane Wirtshaus* | 44

| 19 | Broeding  
*Lust, Intelligenz, Wissen – und eine eigene Kuh* | 46 |
| 20 | Brothers  
*Doppelt hält besser* | 48 |
| 21 | buffet Kull  
*Mia san Frenchmen in New York* | 50 |
| 22 | Café Dankl  
*Ein verliebter Ägypter in Sendling* | 52 |
| 23 | Café Hüller  
*Königliches Kneipengericht* | 54 |
| 24 | Caspar Plautz  
*Die Oh!-Oh!-Ofenkartoffel* | 56 |
| 25 | Charabanc Bar & Kitchen  
*Charme und Show* | 58 |
| 26 | Coup de Cœur  
*Mittagstisch für Frankophile* | 60 |
| 27 | Crönlein  
*Bar und Bedürfnisanstalt* | 62 |
| 28 | Dallmayr Delikatessenhaus  
*Mittels Kaffeebohne zur Ikone* | 64 |
| 29 | Griabig  
*Sauvignon, Subkulturrebellen und Schlutzkrapfen* | 66 |
| 30 | Der Dantler  
*Geeigneter Rahmen für Giesinger Ramen* | 68 |
| 31 | Der kleine Flo  
*Mini-Burger, München-Mottos* | 70 |
| 32 | Der Sizilianer Trinacria  
*Pflanzerl goes Polpette* | 72 |
| 33 | Deutsche Eiche  
*Another one bites the Dunkelbrot-Croûton* | 74 |
| 34 | Die Küche im Kraftwerk  
*Obenauf in Obersendling* | 76 |
| 35 | Fink's Südtiroler Knödelküche  
*Kohlenhydrate aus der nördlichsten Provinz Italiens* | 78 |
| 36 | Fisch Witte  
*Gräten für Gourmets* | 80 |
| 37 | Fizzy Bubele  
*My mom cooks better than yours* | 82 |
| 38 | Gans Woanders  
*Knusper, knusper, knäuschen: Pizza im Hexenhaus* | 84 |

39 — Gasthaus Waltz
*Schick und Schmäh und Schwammerlgulasch* | 86

40 — Gaststätte Großmarkthalle
*Weißwurst beim Wallner* | 88

41 — Geisel's Vinothek
*Kost, Cuvées und Kreuzworträtsel* | 90

42 — Goldmarie
*Slow Food im Schlachthofviertel* | 92

43 — Görreshof
*Schnitzel für Stoiker* | 94

44 — Green Beetle
*Karotten, Koshihikari – und komplexe Kochvorgänge* | 96

45 — Gürmet Wein & Meze am Markt
*Narince im Glas und Glück im Kaffeesatz* | 98

46 — Heldenspeisen
*Da haben wir den Salat* | 100

47 — Henry hat Hunger
*Vegetarisches in Valentins Viertel* | 102

48 — Hofbräuhaus-Kunstmühle
*Münchens letzter Müller* | 104

49 — Hofbräukeller
*Brezn und Buns* | 106

50 — Hotel Vier Jahreszeiten Kempinski
*Sein Name ist Baker, Ian Baker* | 108

51 — Il Piccolo Principe
*Antoine de Saint-Exupéry und Antipasti* | 110

52 — Isar Alm
*Weiß-blaues Rauschen* | 112

53 — IUNU
*Die Teller Kunterbunt* | 114

54 — Izakaya
*Sake im Separee* | 116

55 — Julius Brantner
*Star des Sauerteigs* | 118

56 — Kinky Slice
*That's Amore: Pizza, aber New York Style* | 120

57 — Komu
*Das Wagnis des Wenigen* | 122

58 — La Bohème
*Wagyū in Wahnmoching* | 124

| | | |
|---|---|---|
| 59 | Le BerLu | |
| | *Der Mann von La Plancha, Ritter der Soßen* \| 126 | |
| 60 | Le Sorelle | |
| | *Zwei Schwestern für alle Tagliatelle* \| 128 | |
| 61 | Lea Zapf Marktpatisserie | |
| | *Weniger Bussi Bussi, mehr Luftikus* \| 130 | |
| 62 | Lilli P. | |
| | *Zum Lunch mit Wes Anderson* \| 132 | |
| 63 | Little Daruma | |
| | *294.000 handgerollte Varianten von Glück* \| 134 | |
| 64 | Madam Chutney | |
| | *Lass sie Lassi trinken* \| 136 | |
| 65 | Mai Garten | |
| | *Auberginen in der Au* \| 138 | |
| 66 | MaiLing | |
| | *Grüß Gott und Sawasdee!* \| 140 | |
| 67 | Makassar | |
| | *Kreolische Kombüse* \| 142 | |
| 68 | Manam Thai Food | |
| | *One Bite in Bangkok* \| 144 | |
| 69 | Marais | |
| | *Schlemmen im Schaufenster* \| 146 | |
| 70 | Marais Soir | |
| | *Nach Frankreich mit facilità* \| 148 | |
| 71 | Marinas Feinkost | |
| | *Nie, nie ohne Panini* \| 150 | |
| 72 | Marita Café | |
| | *Knödel und Kaffee* \| 152 | |
| 73 | Max's Beef Noodles | |
| | *Beim chinesischen Nudelmeister* \| 154 | |
| 74 | MoKKa | |
| | *Einkochen und einkleiden* \| 156 | |
| 75 | Morso | |
| | *Cappuccino und Cornetto* \| 158 | |
| 76 | Mountain Hub Gourmet | |
| | *Kulinarische Höhenflüge zwischen Terminal 1 und Terminal 2* \| 160 | |
| 77 | MUN | |
| | *Die Schönheit des Bibimbap* \| 162 | |
| 78 | Mural | |
| | *Street-Art und Sterneküche* \| 164 | |

79 Nawa
*Zuckersirup-Zufluchtsort* | 166

80 Nikkei Kitchen
*Wolfsbarsch und Tigermilch* | 168

81 Palmi Café
*Süßer Süden* | 170

82 Papazof's
*Münchner Meeresbrise* | 172

83 Pfistermühle
*Rieslingschaum und Rosmarinstaub* | 174

84 Rheinpfalz
*Brass und Bratkartoffeln* | 176

85 Ringlers Foodtruck
*Bayerisches Streetfood* | 178

86 Ristorante Cleo
*Con molto amore: Liebesgrüße aus Laim* | 180

87 Royal Cookhouse Pizzeria
*Geschmack auf Italienisch. Griechisch. Georgisch.* | 182

88 Royal Healthy Slices
*Königlicher Kiosk* | 184

89 Rumpler
*Das Wirtshaus zur zünftigen Zeitreise* | 186

90 Rusticana
*Grillen mit Gefühl* | 188

91 Saluki
*Pizza und Tae-Kwon-Do* | 190

92 Schmalznudel – Café Frischhut
*Open Kitchen und bedeckte Knie* | 192

93 Shandiz
*Tausendundeinmal Reis und Kabab* | 194

94 Sorry Johnny
*French Toast, Florentiner Eier – und flüssiges Gold* | 196

95 Soy
*Soja, ja, ja!* | 198

96 Suzuki Nomnom
*Hausmannskost aus Japan* | 200

97 Tantris
*Hummerrot und Trüffelschwarz* | 202

98 Tepsija
*Tiefsinn und Teigschnecken* | 204

99 Th Café
*Mürbteig-Moleküle* | 206

100 the spice bazaar
*Orientalisierendes hinter der Oper* | 208

101 tío
*Das Tapas-Tutorium* | 210

102 Trader Vic's
*Polynesien am Promenadeplatz* | 212

103 Viktualienmarkt-Tour
*Tradition und junge Wuide* | 214

104 Waldwirtschaft Bienenheim
*Wo Honigbier fließt* | 216

105 WaWi Großhesselohe
*Brathendl und die bayerische Biergartenrevolution* | 218

106 Weinhaus Neuner
*Ein Santé der Gemütlichkeit* | 220

107 Werneckhof Sigi Schelling
*Kaviar und Karkassen* | 222

108 Xiang
*Dichtkunst und Küchendunst* | 224

109 Zimtschneckenfabrik
*»Happy Kuchen for happy People« in Giesing* | 226

110 Zum Kloster
*Bayerisches Bullerbü* | 228

111 Zwickl
*Pflanzerl und Bier* | 230

# 1 __ 1804 Hirschau
*Von Lämmern und Löwen(-bräu)*

Es sind wohl die Gene: Seit fast 70 Jahren gehört die Familie von Lukas Spendler zum Oktoberfest. Bereits sein Urgroßvater war ein Festwirt, inzwischen führt die Mutter das Löwenbräuzelt. Im Sommer 2021 hat der Mittzwanziger die Hirschau im Englischen Garten von seiner Familie übernommen und zeigt nun, dass auch in ihm bereits ein Herz- und Vollblutgastronom steckt. Der Biergarten bietet zwar vor allem klassische – aber auch vegane – Schmankerl (und für Steckerlfisch-Liebhaber eine Fischer-Vroni-Hütte). Aber mit dem neu ausgerichteten »Farm to Table«-Restaurant 1804 geht der Juniorchef mit seinem Team so ganz eigene Wege.

Fährt das Faltdach zurück, bekommt der blitzblaue Himmel auf der Restaurantterrasse seinen Auftritt. Allerdings nur so lange, bis die augen- und gaumenschmeichlerischen Tellerkompositionen von Lukas Adebahr aufgetragen werden. Der junge Chefkoch hat im Tantris gelernt, die Präsentation gelingt spielerisch: In einer Taglilienblüte ist lauwarmer Saibling versteckt und mit Saiblingskaviar, gepickelter Wassermelone und Baby-Basilikum-Emulsion abgerundet. Beim Trüffelschäumchen hingegen verbirgt sich ein hübsch konfiertes Eidotter unter geriebenem Trüffel, bis ein beherzter Schnitt das flüssige Gelb zwischen Steinpilzen und Artischockenherzen mäandern lässt. Ein weiterer Gang kombiniert die Eigensüße der Roscoff-Zwiebel mit einer würzigen Lammragoutfüllung aus Zunge, Leber, Niere und Filet. Gerade Gastronomen müssten zeigen, »dass das ganze Tier Wert und Geschmack hat«, erklärt Spendler.

»Nose to Tail« ist eines der kulinarischen Prinzipien, der Anbau eigener Obstbaumspaliere und Kräuterbeete ein weiteres. Bald soll hier Austernblatt gedeihen, das tatsächlich intensiv nach Austern schmeckt. Oder auch die an Petersilie erinnernde Koreanische Wassersellerie. Oje: Es heißt, das Kauen ihrer Stängelchen zügele die Esslust. Also lieber nichts davon probieren! In der Hirschau den Appetit zu verlieren wäre zu schade.

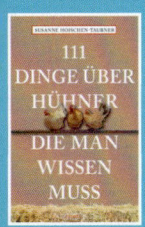

# emons:
## *Entdecken fängt zu Hause an*

ISBN 978-3-7408-1632-2

ISBN 978-3-7408-1801-2

# 111 DRINKS DIE MAN GETRUNKEN HABEN MUSS

ISBN 978-3-7408-1838-8

ISBN 978-3-7408-1835-7

FÜR 18,00 € (A) 18,60 €

ISBN 978-3-7408-1222-5

ISBN 978-3-7408-1741-1

ISBN 978-3-7408-1069-6

**Adresse** Gyßlingstraße 15, 80805 München, Tel. 089/36090490 | **ÖPNV** U 6, Haltestelle Dietlindenstraße | www.1804muc.de

# 2 Aimy
*Südostasien in der Altstadt*

»Im thailändischen Norden dominieren Currys«, kartografiert Viet Hai Pham die kulinarischen Vorlieben des südostasiatischen Königreichs. In den südlichen Provinzen herrschten hingegen Einflüsse aus Malaysia vor. Pham selbst ist in Hanoi geboren und verbindet nun thailändische und vietnamesische Gerichte mit modernem Twist – und einem Fokus auf südthailändische Speisen. In seiner Heimat sei es gängig, beide Nationalküchen zusammenzufassen, nickt der Koch: »In etwa so, wie man in Europa die Esskulturen der Mittelmeerländer dem Oberbegriff ›mediterran‹ unterordnet.«

Fürs Thai Pacific Ceviche beizt er Jakobsmuscheln, Lachs und Garnelen in Zitronensaft und garniert mit Koriander, Kresse sowie Chips von grüner Banane und viel Chili. Beim Pleiku Beef Ceviche verbindet sich in Zitrusmarinade gegartes Rinderfilet mit Chili, Kräutern und Limetten-Zitronengras-Dressing zum elegant arrangierten Rindfleisch-Salat. Und für das fein-scharfe Madras Curry mit Thai-Ananas wurden die Hirschfleischstücke für ihre currygeschmorte Zartheit zuvor in Kräutern und Austernsoße eingelegt.

Das schicke Aimy ist nicht der einzige Ausflug nach Thailand von Viet Hai Pham. Er übernahm auch das seit Jahrzehnten gefeierte, auf südthailändische Küche spezialisierte Rüen Thai im Westend. Und betreibt zudem weiterhin sein beliebtes panasiatisch angehauchtes Shimai in der Maxvorstadt: »In der Theresienstraße war vorher nichts«, erinnert sich der Vietnamese. Inzwischen haben sich neben dem Shimai das Soy (siehe Kapitel 95) und gegenüber die kleine Pizzeria Napoli Rush angesiedelt. »Die achten auch sehr auf die Qualität ihrer Produkte«, freut sich Pham. Das ist ihm sogar bei den Nachbarn wichtig, denn: »Es ist dann ein gutes Viertel, wenn es gute Gastronomie gibt.«

Das Aimy befindet sich in exquisiter Lage, versteckt in einem Innenhof wenige Schritte vom Odeonsplatz entfernt. Doch egal, wo es liegen würde: Es wäre immer ein gutes Viertel – ach, ein sehr gutes.

Adresse Brienner Straße 10, 80333 München, Tel. 089/45212755 | ÖPNV U 3, U 4, U 5, U 6, Haltestelle Odeonsplatz | www.aimy-restaurant.de

# 3  Alimentari da Graciela
*Gerichte mit Grandezza*

Weit, weit über die Maxvorstadt hinaus ist diese Lasagne mit den selbst gemachten Teigschichten und dem acht Stunden lang vorab geköchelten Ragù bekannt. Auch jetzt steht Graciela Cucchiara am Herd und zieht eine Lasagne um die nächste aus dem Ofen. Gleichzeitig beaufsichtigt sie das Kalb fürs Vitello tonnato in der Kasserolle, richtet behände eine Parmigiana auf einem bunten Teller an – und begleitet jede dieser Aktivitäten mit Küchentipps: »Ich mische Parmesan mit jungem Pecorino für die Kruste der Parmigiana, das ist würziger«, erklärt sie. Mozzarella hingegen dürfe man nicht verwenden, denn »das gibt zu viel Wasser«.

Sie trägt den Gemüseauflauf nach draußen zu einem der Klapptische auf dem Rückgebäude-Hinterhof, den sie in einen urbanen Gemüsegarten verwandelt hat. Die Argentinierin – mit italienischen Großeltern – lebt seit über 30 Jahren in München. 2013 wurde sie durch eine Kochshow mit Tim Mälzer bekannt, auch Jamie Oliver hat sie in ihrer Küche bereits empfangen. 13 Jahre lang richtete die gelernte Grafikerin Workshops in ihrer »Kochgarage« aus, bis sie in der Pandemie auf Feinkosthandel, Caterings und To-go-Gerichte umschwenkte.

Die Küche ist jetzt also gleichzeitig Verkaufsraum: Vor hohen, schummrig ausgeleuchteten Ziegelwänden stapelt sich Pasta, darunter spitz zulaufende Trofiette, Mafaldine, die aussehen wie festlich gesteifte Zierbänder, oder die gerippt-muschelförmigen Malloreddus. Es gibt eingeweckte Pomodorini del Piennolo del Vesuvio, die sich nur so nennen dürfen, wenn sie am Fuße des Vesuvs gewachsen sind, Liköre in unterschiedlichsten Apricottönungen und Olivenöle in bauchigen, konischen und kubischen Flaschen. Von der Decke hängen rosenbestickte Tischdecken, in der Mitte des Raums steht eine Vespa. Adriano Celentano singt in jeden vollgestopften Winkel hinein und vollendet diese fulminant bespielte Klaviatur von Kulinarik, Kitsch und kuratiertem Chaos: *Buona sera, signorina, buona sera!*

**Adresse** Nymphenburger Straße 25, im Rückgebäude, 80335 München, Tel. 0174/3750279 | **ÖPNV** U 1, U 7, Haltestelle Stiglmaierplatz | www.alimentaridagraciela.com | **Tipp** Gracielas Gerichte sind zum Mitnehmen, im Sommer kann man auch an einem der Klapptische im Hinterhof essen.

# 4\_\_Alles Wurscht
*Vom Zauber der Currywurst*

Jeden Tag bereitet Claudia Ott Salate vor: Krautsalat etwa, für den sie ins bereits fermentierte Kraut auch Spitzpaprika gibt, kurz anfrittiert, um der Paprika mehr Süße zu entlocken. Im Winter gibt es außerdem Suppen, vor allem ihre Kürbissuppe ist sehr beliebt. »Aber die Leute kommen wegen der Currywurst«, nickt die Münchnerin. »Wo bekommt man die denn noch so in der Stadt?«, stellt sie die rhetorische Frage. Und unterstreicht gleich selbst die Auswegslosigkeit jeglicher weiterführenden Suche: »Und dann auch noch die vom Gaßner!« Ist der Traditionsmetzger doch eine Münchner Institution.

Früher führte Claudia Ott mit ihrem Mann und den Kindern einen Imbisswagen an der Leopoldstraße. Der hieß auch schon »Alles Wurscht«. 2007 habe die Stadt dann gesagt, dass ein Imbisswagen nicht mehr zur Leopoldstraße passe. »Und jetzt können sich die Mieten dort eh nur noch Ketten leisten«, seufzt die Gastronomin. Doch dann hätten sie dieses denkmalgeschützte currygelbe Handwerkerhäuschen gefunden. Dort hat sie auch der Schauspieler und Autor Jon Flemming Olsen besucht, der in der WDR-Serie »Dittsche« selbst an der Grillstation steht. Der half für eine Buchrecherche einen Arbeitstag lang mit beim Verkauf des »Alles Wurscht«-Menüs mit Pommes, Softdrink und Currywurst – die es inzwischen auch vegan gibt, als Seitan-Bratwurst.

Ein Sonnenschirm überspannt den kleinen Innenhof, Efeu überwuchert die Mauern, eine Zierkirsche spreizt sich, von den Ästen hängen Glöckchen. Ein grünes Versteck mitten in Altschwabing: »Man erwartet nicht, dass sich, wenn man von der Leopoldstraße ausgespuckt wird, hier am Nikolaiplatz so ein Idyll verbirgt«, nickt Claudia Ott und schüttelt die Kissen der Gartenmöbel auf. Auf einem der Tische sieht man noch Spuren vom goldenen Currypulver, es glänzt wie Zauberpuder. Vermutlich ist es das sogar. Ärger fällt ab in diesem Gärtchen. Und es ist einem so herrlich … alles wurscht.

**Adresse** Nikolaiplatz 3, 80802 München, Tel. 089/34077443 | **ÖPNV** U 3, U 6, Haltestelle Giselastraße | www.alles-wurscht.com

# 5 — Anne's Hausmamaskost
*Türkisch für Anne-Gänger*

Natürlich gilt im Türkischen genauso wie in jeder Sprache: *Anne en iyisidir* – Mama ist die Beste! Deswegen sollte man in diesem kleinen Nebenstraßen-Lokal für anatolische Hausmannskost, das sich dem Altstadttrubel entzieht, auch unbedingt den Mama-Teller bestellen. Auf den nämlich bekommt der Gast aus der reich bestückten Glasvitrine ein Fleisch- und zwei Gemüsegerichte aufgehäuft: Et-Sote-Rindereintopf in Tomaten-Paprika-Soße oder Auberginen-Moussaka etwa. Dazu geschmorte Okraschoten, bulgurgefüllte Paprika, Schafskäse-Börek oder auch Kichererbsen-Eintopf.

»Anfangs wollten wir einfach nur zeigen, dass die türkische Küche nicht nur aus Gyros und Döner besteht«, beschreibt Ahmet Malak das Anliegen des Familienbetriebs. »Das haben wir erreicht«, nickt er zufrieden. »Meine Mutter kocht täglich frisch«, fährt er fort. »Bei ihr gibt es keine Fertigprodukte, Zusatzstoffe oder Geschmacksverstärker.« Alkohol und Schweinefleisch auch nicht, eingekauft wird in einem türkischen Supermarkt, alles, was hier angeboten wird, ist halal. Junge Männer tragen kartonweise Auberginen über die Hinterhofterrasse mit der rot-weißen Markise und dem weiß gestrichenen Lattenzaun, an dem Geranien und Hängepflanzen wachsen.

Das kleine Lokal gehört zu den Räumlichkeiten des Münchner Forums für Islam, im ersten Stock befinden sich die Gebetsräume einer Moschee. Das Forum – ein gemeinnütziger Verein, der sich laut Statuten als »Querschnittsfunktion zwischen muslimischen Migranten und deutscher Gesellschaft« versteht – wurde als Ort der Begegnung ins Leben gerufen. Und wie könnte interkulturelle Verständigung besser funktionieren als übers Essen? Direkt neben Anne's Haus liegt das Sterne-Restaurant Mural (siehe Kapitel 78). Fast noch beredter als die Michelin-Auszeichnung gerät allerdings Ahmet Malaks Lob an die Nachbarn: »Ja, die kochen auch gut.« Tja. *Anne en iyisidir.* Das weiß doch wirklich jeder.

**Adresse** Hotterstraße 16, 80331 München, Tel. 089/96051949 | **ÖPNV** alle S-Bahnen, U 3, U 6, Haltestelle Marienplatz | www.mamasdelivery.de

# 6 Anti
*Griechen und andere Klassiker*

Wenn Themis Padasis, Chef des griechischen Lokals Anti, unter der weinroten Markise auf der Gehsteig-Terrasse vor seinem Lokal sitzt, dann werden sehr viele Grüße gewechselt. So ziemlich jeder, der vorbeikommt, kennt ihn oder wird erkannt. Das Anti gibt es seit 1984, es ist eine Institution in der Jahnstraße, ach, im ganzen Glockenbachviertel.

Draußen wächst Minze aus Blumenkästen, drinnen lassen die typischen Stühlchen aus Holz und Bast an schmalen Holztischen schnell vergessen, dass man sich in Bayerns Hauptstadt befindet und nicht in einer verwinkelten Taverne irgendwo im griechischen Hinterland. An den Wänden hängen Urkunden, ausgestellt von Stammgästen, »in Anerkennung für besondere gastronomische Leistungen«. In eines der Dokumente wurden gleich Ouzo-Stamperl mit eingearbeitet. »Zusammen Schnaps zu trinken«, sinniert Padasis, »das ist ein Zeichen für Freundschaft.«

Das Anti ist nicht nur selbst ein Klassiker, es serviert auch welche: Moussaka, den Rinderhackauflauf mit Kartoffeln und Auberginen. Baby-Calamari vom Grill. Oder Lammsouflaki, mit butterzartem Lamm am Stahlspieß, zwischen den Fleischstückchen hin und wieder eine Peperoni, dazu leicht karamellisiertes gegrilltes Gemüse: Karotte, Paprika, Zucchini, mit frischer Petersilie durchmengt. Natürlich müsse man das Lamm schon am Vortag marinieren, erklärt Padasis. In Öl, mit Knoblauch, Salz, Pfeffer und Gewürzen, damit es so schön weich wird. Aber vor allem komme es darauf an, wie der Koch es grillt. Er zuckt mit den Schultern und lächelt verschmitzt: »Du musst dich auskennen, das ist die Kunst.«

Seit über 40 Jahren sei er jetzt in Deutschland, Griechenland hingegen habe er mit 21 verlassen. Wenn er auf die Jahrzehnte seines Wirtseins zurückblicke, frage er sich schon, wohin sich diese ganze wunderbare Zeit denn verflüchtigt habe. Andererseits, so folgert der Grieche: »Wenn die Zeit so schnell vergeht, heißt das, uns geht's gut!«

Adresse Jahnstraße 36, 80469 München, Tel. 089/268337 | ÖPNV Tram 18, Haltestelle Müllerstraße | www.facebook.com/TaverneANTI

# 7 Asia Leckerbissen
*Kantonesische Kost(-barkeiten)*

Was für ein schöner Name für eine Zwischenmahlzeit: Dim Sum. Die Speisekarte im chinesischen Imbiss erklärt, der Name leite sich vom kantonesischen Wort für »das Herz berühren« ab und bezeichne kleine Gerichte, die – häufig in Bambuskörben – über aufsteigendem Dampf gegart werden. Das können beispielsweise Baozis sein, also gedämpfte oder gebratene Hefeteigtaschen, mit Schweinefleisch, vegetarisch oder auch süß gefüllt.

Doch bevor die Dim Sum dieses chinesischen Ecklokals das Herz aller Leser berühren, sei die Befürchtung des Inhabers erwähnt, er könne, seinem fortgeschrittenen Alter geschuldet, dem Ansturm der Gäste bei zu viel medialer Präsenz nicht Herr werden. Wer diesen Ort in Neuhausen lieb gewinnt, sei also hiermit herzlich gebeten, ihn mit den übrigen Zwischenmahlzeit-affinen Münchnern gerecht und zur Zufriedenheit aller zu teilen. Damit das chinesische Ehepaar auch weiterhin so munter Bestellung um Bestellung entgegennehmen kann.

Hinter dem Pärchen, unter Zierlampions im sonst nüchtern eingerichteten Lokal, sitzen auf einem Blech frische Jiaozi-Teiglinge in adretten Reihen. Das Holzbrett daneben ist noch mehlbestäubt vom Ausrollen, Befüllen und Falten der Teigtäschchen, Bambuskörbchen warten auf ihren Einsatz. Die dünnteigigen Jiaozi ähneln schwäbischen Maultaschen und werden in der Suppe serviert – oder eben auch gedämpft oder gebraten, gern zum chinesischen Neujahrsfest (viele davon zu verspeisen gilt als gutes Omen für die Finanzen), oft mit Garnelenfüllung, aber auch mit Huhn, Rind, Schwein oder Gemüse.

Am schmalen Tischsteg am Fenster lassen sich Dumplings oder eine Nudelsuppe mit noch knackigem Pak Choi, Karotten und sesambestreuten Rindfleischfetzen genießen und die Gäste an den Tischen am Gehweg beobachten, die, wie man selbst, mit Stäbchen lange Nudeln aus tiefen Suppenschüsseln ziehen. Zwischenmahlzeit-affin und zufrieden schauen sie aus. Und sehr verschwiegen. Die ideale Klientel für Asia Leckerbissen.

**Adresse** Elvirastraße 9, 80636 München, Tel 0177/9192646 | **ÖPNV** U 1, U 7, Haltestelle Maillingerstraße | www.asia-leckerbissen-muenchen.business.site

# 8 Ayinger in der Au
*Die Vettern-Wirtschaft*

Wenn zwei Cousins ein Wirtshaus eröffnen und der eine Geschäftsführer der Privatbrauerei Aying ist, der andere Wiesnwirt (sowie Betreiber der Pfistermühle, siehe Kapitel 83), dann verwundert es nicht, dass sich bayerischer Gerstensaft durch die gesamte Karte zieht. Natürlich gibt es acht verschiedene Ayinger Biere vom Fass, wird der Schweinsbraten 24 Stunden lang in hauseigenem Jahrhundertbier mariniert und kommt das Tiramisu ganz ohne Kaffee aus, wird der Biskuit doch in ein Weißbier-Champagner-Gemisch getunkt. Wer mit Freunden kommt, kann sich ein Zehn-Liter-Holzfass mit Ayinger Bier an den Tisch bestellen – und selbst anzapfen. Und da man bei so viel Biergenuss hin und wieder auch mal austreten muss, wurden selbst für die Wirtshaustoilette Pflegeprodukte auf der Basis von Ayinger Bier entwickelt.

Die Brotmanufaktur Schmidt backt eigens ein Treberbrot mit den Braumalzrückständen aus der Ayinger Bierproduktion. Das wird dann geröstet zum Tatar von der Färse serviert. Das Fleisch, à la minute zweimal durch den Wolf gedreht, kommt aus dem Werdenfelser Land: »Wir kaufen nur regional«, erklärt Küchenchef Holger Lange, die Hirschwurzen vom Brotzeitbrettl stammen sogar aus der eigenen Jagd.

So wie die Speisekarte – also mit modern durchsetzter Urigkeit – präsentiert sich auch das 2018 eröffnete Wirtshaus. Viel Holz, viel Loden, viel Lüftlmalerei, Kupfer blitzt an Tresen und Zapfanlage. Im Treppenhaus des dazugehörigen Hotels Marias Platzl sowie dem Wirtshauseingang verweist eine Installation aus Tellern auf die Geschichte der Auer Dult, die – neben Schaustellern und nostalgischen Fahrgeschäften – den angeblich größten Geschirrmarkt Europas bietet und dreimal jährlich auf der gegenüberliegenden Straßenseite stattfindet. Die Berliner »taz« schrieb einmal, es sei »das unberühmteste Münchner Volksfest«. Und wer nach all diesen Gründen nicht sofort aufbricht in die Au – der hat auch gar kein Ayinger nicht verdient.

**Adresse** Mariahilfplatz 4, 81541 München, Tel. 089/6223373666 | **ÖPNV** Tram 18, Haltestelle Mariahilfplatz; Tram 25, Haltestelle Regerplatz | www.ayinger-in-der-au.de

# 9 Bachmeier Genussfreuden
*Der etwas andere Fernsehteller*

»Zufall«, antwortet Hans-Jörg Bachmeier auf die Frage, wie er denn Fernsehkoch wurde. Ein Produzent des BR habe gefragt, ob er Lust hätte, und mit ihm im Studio probegekocht. »Über Monate habe ich nichts gehört, auf einmal hieß es: ›Wir machen vier Piloten.‹« Seit 2012 läuft nun also »Einfach. Gut. Bachmeier« im Bayerischen Fernsehen. Und ganz so zufällig wird es wohl doch nicht gewesen sein: Der Niederbayer hat im Tantris unter Heinz Winkler und auch bei Schuhbeck gearbeitet, viele Jahre war er Chefkoch im Blauen Bock am Sebastiansplatz. Bis er 2020 am Isartor das Bachmeier Genussfreuden eröffnete.

»Ich suche mir Rezepte und die breche ich auf ein Minimum runter«, beschreibt er sein Vorgehen. »Sodass es auch der Zuschauer mit einer hohen Erfolgsquote kochen kann.« Im neuen Restaurant findet man die Originalgerichte aus seinen Sendungen und Kochbüchern auf der Karte. Den Matjes von der Chiemseerenke etwa, die Bachmeier behandelt wie Ceviche, aber bayerisch begleitet mit Eingelegtem aus Radi, Zwiebeln und Radieserln. »Das ist ein Klassiker von mir«, nickt der Fernsehkoch, »den gibt's fast immer.« Oder die zunächst gegrillte, dann sanft gegarte Entenbrust mit blanchiertem, Blatt für Blatt gezupftem Rosenkohl, gerösteten, kandierten Walnüssen, Walnussmayonnaise und eingelegter Quitte, die der Gastronom wieder zu alten Ehren bringen möchte. Schnörkellose Raffinesse auch hier. Wie fest verortet Bachmeier dabei in der Produktwahl ist, lässt sich auch leicht an seiner Dessertkarte ablesen, für die er »Käse vom Viktualienmarkt« zusammenstellt – zu dem braucht der Koch vom eigenen Herd aus ja auch nur zwei Minuten.

Auf der BR-Webseite sind Rezepte und Fernsehsendungen abrufbar, so kann man die Schuastafleckl mit Sauerkraut oder die mit Vanillecreme gefüllten Bomboloni daheim zubereiten. Also: Selbst schnippeln oder bekochen lassen? Die Antwort ist einfach – sonst hieße dieses Buch ja »111 Mal sauguad kochen in München«.

**Adresse** Westenriederstraße 43, 80331 München, Tel. 089/28755010 | **ÖPNV** alle S-Bahnen, Haltestelle Marienplatz oder Isartor; U 3, U 6, Haltestelle Marienplatz | www.bachmeier-genussfreuden.de

# 10 Bar Gabányi
*Gulasch fürs Gemüt*

Wer die Stufen in diese Bar hinabsteigt, merkt es gleich: Die Schritte werden federnder, das Kreuz gerader, als wüsste man, dass unten jemand wartet, der die Sorgen des Alltags, nun ja, wegzuspülen weiß. Und genau so ein Mann steht hier am Ausschank, um mit gekonnt geknurrten Worten Weisheit und Whisky zu verteilen. Eine gute Bar sei wie eine Höhle, ist einer der Sätze, den Stefan Gabányi gern sagt. Und in seiner Bar im Altbau-Souterrain mit dunklem Mobiliar, gedimmtem Licht, leisem Gläserklirren und immer herausragender Musik (donnerstags sogar live) wärmt man sich auf wie seinerzeit der *Homo erectus* am ersten Feuer.

Ein sicheres Zeichen für die Qualität einer Bar ist, wenn die Gastronomen der Stadt sich dort versammeln, um einen arbeitsreichen Abend ausklingen zu lassen und ihren Durst und Hunger zu stillen. Hausgericht ist Rindergulasch nach österreichischem Rezept, ein sämig gekochter Tröster aus Tomaten, Zwiebeln und Rotwein mit dicken Fleischstücken, das man bis etwa eine halbe Stunde vor Zapfenstreich ordern kann – zu normalen Zeiten also bis morgens um halb fünf. Dazu reicht Gabányi hausgemachtes Kartoffelpüree, und wenn das immer noch nicht genug ist, kommt »zur Not noch ein Spiegelei darüber«.

23 Jahre lang war der Münchner die rechte Hand von Charles Schumann, verfasste sogar »Schumann's Whisk(e)y Lexikon« – wobei Lebenserfahrung ihn lehrte, dass »der beste Whisky immer der offene« sei. Seit 2012 steht der Mann mit den markanten Koteletten am eigenen Tresen. Lange schrieb der studierte Ethnologe für die »Süddeutsche Zeitung« , etwa über das seit Menschengedenken bekannte sakrale Potenzial des Rausches: »So ein Priester, Schamane oder Mystiker lässt seine Gemeinde in ritualisierten Gelagen an seinen Erkenntnissen teilhaben, der kollektive Rausch wird zum Symbol und Mittel der Gemeinschaft.« Und so ist das bis heute in der Bar Gabányi. Prost dem Priester! Und Dank für Beistand, Whisky und Gulasch.

Adresse Beethovenplatz 2, 80336 München, Tel. 089/51701805 | ÖPNV U 3, U 6, Haltestelle Goetheplatz | www.bar-gabanyi.de

# 11 Bar Montez
*Mezcal für Monarchen*

Es war ein aufsehenerregendes Entrée: Im Herbst 2023 eröffnete das deutschlandweit erste Luxushotel der Marke Rosewood in München. Und machte gleich durch die Preisgestaltung von sich reden, denn ja: Hier in den ehemaligen, kernsanierten Räumlichkeiten der Bayerischen Staatsbank und eines angrenzenden Rokoko-Palais befinden sich nun die teuersten Hotelzimmer Münchens. Man kann im Rosewood aber auch Spaß haben, ohne gleich die (Bayerische Staats)Bank zu sprengen. In der Bar Montez nämlich, bei einem Drink und den vermutlich besten Trüffel-Pommes der Stadt.

Im schummrigen Souterrain umfängt Cosyness den Durstigen. An den Wänden suchen sich weiße Äderchen ihren Weg durch schwarzen Marmor, ein wenig wie der 18-jährige Chivas Regal durch die Blutbahnen des gewandten Trinkers, der sich an der Bar einen der Signature Cocktails bestellt: Den Double G mit rauchiger Note, von dem der Barmann sagt, er würde besonders gut passen zu den goldgelben Pommes mit den fein geschnittenen Frühlingszwiebeln und den dicken Trüffelspänen auf der Mayonnaise. Im Cocktail: ein Sirup, selbstangesetzt aus gerösteter Gerste, die Bar hat ihre eigenen Laborräumlichkeiten in den Hotelkatakomben, wo an Vakuumdestillen und Zentrifugen experimentiert wird, mit frischen Zutaten vom Viktualienmarkt.

Oder man ordert einen Mezcal-basierten Royal Affair. Schließlich ist das Lokal nach Lola Montez benannt, Tänzerin und Geliebte von König Ludwig I von Bayern, der aus ihr sogar eine Gräfin machte, zumindest vorübergehend, sein Kabinett und Volk waren gegen die Konventionen sprengende, Zigarre rauchenden femme fatale. »Wenn Gott die Männer misst, legt er das Maßband nicht um den Kopf«, das sind nicht unsere Worte, nein, so wird die Montez zitiert. Der König dankte nach seiner Affäre ab, wir hingegen müssen das nach einem Royal Affair längst nicht tun, denn den gibt's auch in alkoholfrei. Keine Migräne, kein Zacken aus der Krone und dennoch königlich amüsiert. Nimm das, Ludwig!

**Adresse** Kardinal-Faulhaber-Straße 1, 80333 München, Tel. 089/8000198720 | **ÖPNV** alle S-Bahnen, Haltestelle Marienplatz; Tram 21, Haltestelle Marienplatz (Theatinerstraße) | www.rosewoodhotels.com/en/munich/dining

# 12   Bartu Bio-Eis Manufaktur
*Eis und Pizza, Pizza und Eis*

»Eis war immer mein Lieblingsessen«, sagt Thomas Bartu. Bekannt wurde er in München allerdings für eine andere Leidenschaft: Schuhe. Bereits sein Vater, ein Schuhfabrikant aus Rumänien, brachte in den 1950er Jahren die ersten italienischen Modelle an den Lenbachplatz. Der Sohn erweiterte das Stammhaus um sechs Läden. 1988, mit Anfang 40, verkaufte er alles. Als er 2010 einen eigenen Bio-Eissalon samt Manufaktur eröffnete, widmete das Bayerische Fernsehen seinem erstaunlichen Werdegang eine Episode der Dokumentarfilmreihe »Lebenslinien«. Und verlieh dem damaligen Mittsechziger den schönen Titel »ältester Jung-Unternehmer in München-Schwabing«.

Mit vier Jahren habe er sein erstes Eis an der Leopoldstraße geschleckt, erinnert sich der Münchner. Seither sei es um ihn geschehen. So sehr, dass es irgendwann zur Geschäftsidee wurde. Er besuchte eine Eisfachschule in Nordrhein-Westfalen, reiste ins toskanische San Gimignano zu Sergio Dondoli, dem zweifachen Eisweltmeister (ja, es gibt eine Coppa del Mondo della Gelateria). Und ließ all diese Inspirationen einfließen in geschmacksverstärkerfreie Rezepturen mit Früchten in Bio-Qualität, natürlichen Bindemitteln und bayerischer Bio-Frischmilch. Die Bartu-Sorten werden aus Edelstahltöpfen in Becher und Waffeln gespachtelt: Mascarpone-Feige, Karamell mit salziger Butter, Matcha. Sämtliche Zutaten sind sorgsam aufgelistet, bei Mangosorbet etwa »Mangomark, Balsamico, Rohrzucker, Glukose, Agavenextrakt, Maltodextrin, Johannisbrotkernmehl, Guarkernmehl« – vor keinem der Bestandteile fehlt der Zusatz »Bio«.

Da sich selbst köstliches Eis im Winter nicht ganz so gut verkauft, ergänzt inzwischen Pizza das Sortiment. Dünn und knusprig, das Dinkelmehl biologisch, wie alle weiteren Zutaten auch. Jetzt besitzt Thomas Bartu also einen Eis-und-Pizza-Laden. Und lebt damit vermutlich den Traum eines jeden Vierjährigen. Einer jeden Vierjährigen. Ach, all jener, die schon einmal vier waren.

**Adresse** Wilhelmstraße 23, 80801 München, Tel. 089/38476040 | ÖPNV U 3, U 6, Haltestelle Münchner Freiheit | www.bartu-bioeismanufaktur.de

# 13 Bazi's Schlemmerkucherl
*Heimat auf die Hand*

Da hatte das Glockenbachviertel was zu schauen, als Deniz Sevengül und Hamed Ghahremani, zwei junge Deutsche mit türkischen und persischen Wurzeln in einem 19-Quadratmeter-Imbiss den bayerischen Schweinebraten to go erfanden. Und dann auch noch den Leaders Club Award der Gastronomen-Vereinigung dafür gewannen, einen Preis für originelle Gastronomiekonzepte.

In ihrer papiernen Bazi-Box ist alles mundgerecht portioniert, ob Schweinebraten oder Ente: Zuunterst befindet sich das Blaukraut, verfeinert mit geriebenem Apfel und dem vom Vogelbraten aufgefangenen Entenfett, darüber Kartoffelknödel mit Bierbratensoße und zuoberst der Braten. Für Vegetarier werden Käsespätzle in der Box angeboten, auf Wunsch mit Trüffel.

»Wir wollten eben nicht den 100. Dönerladen eröffnen«, erklärt Deniz Sevengül, der den Schnellimbiss inzwischen alleine führt. Und – als Muslim – jeden Tag frisch bayerisch-kulinarisches Kulturgut produziert. 700 Kilogramm Schweineschulter vom Münchner Schlachthof verarbeite er pro Monat zu Krustenbraten, pro Woche kämen 60 Enten dazu. Bei der Frage, wie sich Schweinefleisch mit seinem Glauben vertrage, bleibt der Restaurantfachmann entspannt: »Ich habe schon als Kind Leberkässemmeln gegessen«, erinnert sich der Bazi-Betreiber, »mein innerer Kreis weiß, dass ich ein guter Mensch bin – auch wenn ich Schwein esse.«

Über den holzverkleideten Imbiss wacht ein Wolpertinger. Das bayerische Fabelwesen – kunstfertig zusammengesetzt aus Körperteilen unterschiedlichster Tierarten – erinnert daran, dass Gegensätzliches überhaupt mitunter besser zusammenpasst als gedacht. Beschleunigung und Beschaulichkeit etwa. Denn auch wenn die Hektik des Lebens oft keine echte Pause erlaube, erklärt Deniz Sevengül den eigenen Anspruch ans bayerische Fast Food, halte mit der Bazi-Box selbst der Eilige ein Stück Heimat in der Hand.

**Adresse** Müllerstraße 43, 80469 München, Tel. 089/12629863 | **ÖPNV** U1, U2, U3, U6, U7, Haltestelle Sendlinger Tor | www.bazis-schlemmerkucherl-muenchen-1.de

# 14 Beirutbeirut
*Ein Teller mit allem, ein Teller mit Adel*

Letztlich habe er seinen Imbiss in Sendling eröffnet, um all den Fehlinterpretationen der libanesischen Küche entgegenzutreten: »Da gab es Tabouleh als Couscoussalat oder tiefgefrorene Falafel. Und Kichererbsen aus der Dose«, schüttelt Khudor Lamaa den Kopf. Dabei verlange die gemüselastige Küche seiner Heimat nach Frische: Bei vielen traditionellen Gerichten müsse man das Gemüse sogar à la minute schneiden, um so den Verlust von Vitaminen und Geschmack zu vermeiden.

Die Zubereitungstipps bezieht der Lokalinhaber von seiner Mutter: »Sie gab sogar Kochkurse an der Volkshochschule«, erinnert sich Lamaa, der als Kind nach München kam. Das Falafelrezept ist hingegen vom Vater, führte der doch in den 1970er Jahren, noch vor dem Libanesischen Bürgerkrieg, einen Falafelstand in Beirut.

Auf der Terrasse des hübschen Eckcafés sitzt man auf filigranen Holzstühlchen unter einer roten Markise und Lichterketten. Das Blätterrauschen der Bäume in der Aberlestraße vermischt sich mit der arabischen Musik aus dem Lokalinnern, wo hinter der Glasvitrine Küchenjungs mit weißen Schiffchenhüten Falafel um Falafel in heißes Öl werfen, Tomaten klein schneiden, Petersilie hacken und Pasten aus großen Schüsseln auf Tellern verteilen, gern auch auf dem »Teller mit allem«, den es für ein, zwei oder drei Personen gibt.

Er ist gefüllt mit knusprigen Falafelbällchen und der raucharomatischen, mit Granatapfelkernen bestreuten Auberginenpaste Baba Ganoush. Mit Hummus und dem Petersiliensalat Tabouleh mit Tomaten, Zwiebeln, Koriander und Bulgur. Oder auch mit Fattoush, einem Salat aus Gurke, Tomaten, Radieschen, Minze und gerösteten Brotstücken. Dabei sei auf dem »Teller mit allem« gar nicht alles dabei, lacht Khudor Lamaa: »Am Anfang hatten wir einen kleineren Laden, da gab es weniger Gerichte, aber inzwischen haben wir aufgestockt.« Wer jetzt einen Teller mit allem möchte, sollte also keinen »Teller mit allem« bestellen – sondern einen »Royal«.

**Adresse** Lindenschmitstraße 18, 81371 München, Tel. 089/54045869 | **ÖPNV** U3, U6, Haltestelle Implerstraße | www.beirutbeirut.de

# 15 Bellevue di Monaco
*Engagement und Erdnusseintopf*

Schon der erste Blick auf die Speisekarte zeigt die weit verzweigten kulinarischen Einflüsse dieses Cafés. Es gibt Fata, also eritreischen Brotsalat, oder Mafe, einen Erdnusseintopf aus dem Senegal. Es ist eben ein besonderes Haus: Vor wenigen Jahren noch dem Abriss geweiht, entstand dank der Sozialgenossenschaft Bellevue di Monaco hier im Glockenbachviertel ein Wohn- und Kulturzentrum für Geflüchtete. Den Neuankömmlingen werden Deutschkurse angeboten, auf den Etagen wohnen unbegleitete Jugendliche, und im Erdgeschoss eröffnete ein Café, in dem migrierte Menschen Arbeit finden. »Vegetarisch, nachhaltig, solidarisch« lauten die Küchendirektiven: Was man fürs Mittagsgericht oder den samstäglichen Brunch bezahlt, ist einem selbst überlassen, sofern man innerhalb der angegebenen Preisspanne bleibt. Sogar die Architekturbiennale von Venedig fand es bemerkenswert, wie die Genossenschaft Häuser vor dem Abriss bewahrte und zu gemeinwohlorientierten Quartieren umgestaltete – und lud das Bellevue ein, an der Ausstellung teilzunehmen.

Mitarbeiter Ibra Thiam begann als Küchenhilfe. Seine Variation vom Strammen Max nennt der inzwischen zum Koch beförderte Senegalese »Mibra« und verbindet darin den eigenen Namen mit dem von Köchin Maria, die ihm hin und wieder anleitend unter die Arme greift, auch wenn sie eigentlich im Dreimühlenviertel im Ausbildungsrestaurant Roecklplatz wirkt, das junge Menschen mit schwierigen Biografien ins Arbeitsleben integriert. Das Netzwerk ist groß und so bekommt das Sozialprojekt auch viel prominente Unterstützung. Unlängst war Manuel Neuer da, mit dem natürlich alle aufs Foto wollten. Um die verbindende Kraft des Fußballs zu erkennen, muss man nur sechs Etagen höher steigen, aufs Gebäudedach: Am Open-Air-Bolzplatz mit dem spektakulären Blick trifft sich das Viertel zum Fußballspielen. Ein Wirrwarr an Sprachen. Und Gelächter. Könnte man doch ein ganzes Haus umarmen. Dieses hier hätte es verdient.

**Adresse** Müllerstraße 2–6, 80469 München, Tel. 089/55057755 | **ÖPNV** Bus 52, 62, Haltestelle Blumenstraße | www.bellevuedimonaco.de

# 16 — Bep Ho
*Dahin, wo der Pfeffer wächst*

In diesem vietnamesischen Imbiss sitzt man auf roten Stahlhockern am Holztresen am Fenster und blickt auf das Kommen und Gehen auf der Tegernseer Landstraße und ihren nicht abebbenden Verkehr. An den Tischen vor dem Fenster wechseln sich junge Pärchen ab. Frisch gemachte Bánh mì, Sommerrollen und Pho-Suppen sind auch in Giesing eine Schau. Ein Gast trinkt schlürfend die Suppenschüssel aus und legt danach säuberlich Suppenlöffel und Stäbchen wieder hinein. Vor lauter Genuss schlürfen zu müssen, das ist ein gutes Zeichen – sei es nun in München oder Hanoi.

»Bep« heißt Küche im Vietnamesischen, Ho ist der Nachname der Betreiber. Der junge Chef Huu-Hieu Ho bringt einen Teller Pho an den schmalen Fenstertresen. In der Schüssel türmen sich stumpfkegelig all die verführerisch duftenden Zutaten: Sprossen mischen sich mit Reisnudeln, dünnen Rindfleischstreifen, Chili, Lauch und Koriander zu einer kräftigenden Mahlzeit. Die Suppe ist mit einem Pfeffer-Salz-Gemisch bestäubt: »Der Vietnamese legt großen Wert auf Pfeffer«, erklärt Hieu. Dieser sollte aber von einer ganz besonderen vietnamesischen Insel kommen, so der Gastronom. Der junge Mann meint Phú Quốc, die größte Insel Vietnams, südlich Kambodschas im Golf von Thailand gelegen, wo die reifen Beeren der Pfefferplantagen geerntet und sonnengetrocknet werden.

Zu den milden Sommerrollen hingegen, genannt Goi Cuon, bringt er süßliche Hoisinsoße, hausgemacht und abgeschmeckt mit Rohrzucker, Pflaume und Tamarinde. Die gerösteten Erdnüsse und Röstzwiebeln auf dem Dip verleihen den mit mundfertig geschnittenem Salat, Kräutern, Reisnudeln und Garnelen gefüllten Reisoblaten-Rollen ein wenig Crunch.

»Der Satte wird zum Buddha, der Hungrige aber verwandelt sich in einen Teufel«, so lautet ein vietnamesisches Sprichwort. Und wie lässt es sich nach Pho, Bánh mì oder Sommerrolle nicht ruhig und gelassen sitzen! Auf einem roten Stahlhocker, an einem Holztresen.

**Adresse** Tegernseer Landstraße 44, 81541 München, Tel. 089/55931443 | **ÖPNV** Tram 18, 25, Haltestelle Ostfriedhof | www.bepho-muenchen.de | **Tipp** Zusätzlich zum Giesinger Imbiss gibt's jetzt auch eine Bep Ho-Adresse am Harras: Plinganserstraße 37, 81369 München, Tel. 089/76736187

# 17 Blue Nile 2
*Huhn und Honigwein*

Was in Bayern der Schweinebraten, ist in Äthiopien das Doro Wat: Für das Nationalgericht wird Huhn in einer dickflüssigen, pikanten Soße mit Gewürzen und Kräutern geschmort. Wenn Diniam Behailu es in Schwabing serviert, gilt ihm als wichtigste Zutat Berbere – auch wenn er die feurig scharfe Gewürzmischung für den europäischen Gaumen behutsamer einsetzen muss als daheim: »Es ist eine Art Curry auf Basis von roter Peperoni, die meine Mutter nach traditionellem Rezept in Addis Abeba zubereitet, zwei Wochen lang in der Sonne trocknen lässt und nach München verschickt«, erklärt der Koch. Auch brauche ein äthiopisches Hühnerbein eine andere Zubereitung als ein deutsches, nickt er. Letzteres brät er zunächst und lässt es nur kurz in der scharfen Soße ziehen, damit das Fleisch am Knochen bleibt: »Bei uns daheim sind es aber Laufhühner«, erzählt der Restaurantinhaber, »die Muskulatur ist stärker, das Fleisch fällt nicht leicht vom Knochen und wird mitgeschmort.«

Gegessen wird ohne Besteck, dafür aber mit Hilfe des gesäuerten Fladenbrots Injera aus dem Teffmehl der Zwerghirse. Damit pflückt man das Fleisch vom Knochen – und teilt sich überhaupt das Essen mit seinen Tischgenossen aus einem großen, mit Fladenbrot ausgelegten Korb. Für ein gemeinsames äthiopisches Mahl sollte man sich also vertraut sein. Andernfalls sorgt der aus einem Glaskolben getrunkene Tej (gesprochen »Tetsch«) rasch für Annäherung. In Äthiopien bereite man den beliebten Honigwein bei sich im Hinterhof zu, erzählt Diniam Behailu, fürs Blue Nile 2 habe er sein Rezept allerdings einer Rosenheimer Brennerei gegeben. Schon die Königin von Saba soll mit König Salomo Tej getrunken und anschließend Menelik gezeugt haben, Äthiopiens ersten König. Falls bereits nach wenigen Schlucken der Ziegelboden vibriert, liegt das vermutlich dennoch nicht am süßen Gebräu, sondern an der vorbeifahrenden Tram 28. Nicht jede Honigwein-Zecherei endet legendär. Aber sie könnte.

**Adresse** Viktor-Scheffel-Straße 22, 80803 München, Tel. 089/33039987 | **ÖPNV** U 3, Haltestelle Bonner Platz | www.bluenile2.eatbu.com

# 18 bodhi
*Bier statt Tier: das vegane Wirtshaus*

Eigentlich hatte Klaus Kuttner immer eine Vorliebe für gutbürgerlich-bayerische Küche. Doch während seines Landschaftsarchitektur-Studiums wurde er zunächst Vegetarier, bald darauf ernährte er sich vegan. Und flugs gestaltete sich das zünftige Ausgehen in München kompliziert: »Als Vegetarier kann man problemlos in einem Wirtshaus einkehren, aber für einen Veganer fallen ja selbst Rahmschwammerl raus.« Nur noch Biertrinken war möglich. Und so schön sich dieser Zeitvertreib in Oberbayern auch gestalten lässt, trieb es den jungen Mann doch, eine Lösung zu finden. Er konzipierte das vegane Wirtshaus »bodhi«, benannt nach dem Sanskrit-Wort und buddhistischen Schlüsselbegriff des Erwachens. 2013 eröffnete er sein erstes bodhi in München, es folgten Zweigstellen in Augsburg und Ulm.

Auf der Karte finden sich Wirtshausklassiker, nicht eins zu eins übersetzt, sondern in gelungener Interpretation. So besticht die Rindsroulade auf Tempehbasis bereits durch ihre würzig-sämige Dunkelbiersoße: »Anstelle von Knochen rösten wir Zwiebel und Wurzelgemüse, fügen Gewürze wie Wacholderbeeren und Majoran hinzu und löschen mit Rotwein ab. Das wird dann püriert, passiert, abgebunden und wie eine klassische Bratensoße lange ausgekocht«, erläutert der Gastronom die Zubereitung. Und ergänzt schließt stolz: »Den Dunkelbierjus habe ich in manchem Wirtshaus schon weniger gschmackig erlebt.«

Bayerisches Lebensgefühl entstehe im bodhi auch durch »das rustikale Ambiente des Ladens, die Optik des Gerichts und das Bier daneben«, fasst Kuttner zusammen. Und es stimmt: Der Tempeh mag aus fermentierten Sojabohnen sein, aber so knusprig-röstaromig auf dem Grill angebraten, mit Essiggurke, Zwiebel-Senf-Pesto und Räuchertofu gefüllt, zu einer flachen Roulade gedreht und mit Kartoffelknödel, glasiertem Rosenkohl und einem frisch Gezapften serviert, versetzt er in wohlige Wirtshausseligkeit. Und die braucht in München nun mal ein jeder, ob Veganer oder nicht.

**Adresse** Ligsalzstraße 23, 80339 München, Tel. 089/41142458 | **ÖPNV** U 4, U 5, Haltestelle Schwanthalerhöhe | www.bodhivegan.de

# 19 Broeding
*Lust, Intelligenz, Wissen – und eine eigene Kuh*

Wenn Lieferanten zu Freunden werden, kommt ein Restaurant mitunter an seine eigene Kuh, wie Broeding-Gründer Gottfried Wallisch schmunzelnd erzählt. Als Küchenchef Manuel Reheis bei einem Besuch in Südtirol erfuhr, dass dem Käsebauern Alexander Agethle für mehr Braunvieh das Geld fehlte, sprang das Broeding kurzerhand als Pate ein – und bis heute sorgt Dorli mit für den Käsegang. Auch zum Gemüseproduzenten, einer solidarischen Landwirtschaft, pflegt das Restaurant eine intensive Beziehung, hat das Küchenteam dort doch mit eigenen Händen einen Froschteich zur Schneckenbekämpfung gegraben. Man kann also sagen, dass das 1990 eröffnete Broeding ein besonderes und besonders persönliches Gourmetlokal ist. Auch für die Stammgäste, die zu Recht darauf vertrauen, dass jedes Gericht des täglich wechselnden Menüs mit wahlweise fünf oder sechs Gängen so radikal gut ist wie all die Menüfolgen zuvor.

Von Anfang an kaprizierte sich das Broeding auf österreichische Winzer, die, so Wallisch, »die Lust, die Intelligenz und das Wissen hatten, ihre Region nach dem Weinskandal wieder auf die Beine zu stellen«. Deren Weine werden über einen Shop verkauft – und begleiten mit viel gegenseitigem Kitzel das Menü: Hühnerlebermousse, eingerahmt von Gewürztagetes, getrockneten Tomaten und gedünsteten Löwenzahnstängeln. Seeteufel mit Salzwiesenkräutern, Hirse und einer Safranhollandaise, in die man anstelle des Fischleins eintauchen möchte. Oder die Kaltschale von der Fragolinotraube, mit dem Pürierstab angemixt und dann mit der Flotten Lotte durchpüriert, »wie früher eben«, so Reheis.

Weil's im Broeding also seit jeher anders ist – und stets noch besser, als man sich wünschen würde –, sind viele Gäste dem Restaurant seit der Eröffnung treu. »Wenn man gemeinsam alt wird, das ist etwas, was mich wirklich berührt«, nickt Gottfried Wallisch. Alterserscheinungen? I wo! Man fühlt sich »wie früher eben«. Nur weiß man es heute noch viel mehr zu schätzen.

**Adresse** Schulstraße 9, 80634 München, Tel. 089/164238 | **ÖPNV** U 1, U 7, Haltestelle Rotkreuzplatz | www.broeding.de

# 20__Brothers
*Doppelt hält besser*

In diesem Restaurant sieht man gerne doppelt. Und das liegt mitnichten am gewichtigen, im Barrique gereiften galizischen Weißwein Albariño Do Ferreiro *Dous Ferrados*. Sondern erstens daran, dass Zwillingsbrüder dieses junge – und wenige Monate nach der Eröffnung bereits besternte – Lokal eröffnet und folgerichtig Brothers genannt haben. Und zweitens am Chefkoch Daniel Bodamer – zuvor Souschef im Tantris – und dessen erfreulicher Angewohnheit, zu seinen Hauptgerichten eine Zweitvariante der Produktprotagonisten auf einem Nebenteller zu servieren. Angeeignet hat er sich das auf den Champs-Élysées: »Diese Side Dishes haben wir im Le Clarence zelebriert. Es ist eine coole Idee, um mit Zubereitungsarten zu spielen – dann kommt etwa der Fisch zusätzlich pochiert, gedämpft oder im Tempura-Teigmantel.« Außerdem könne man so unbeliebte Stücke des Tiers zu etwas Schönem verarbeiten, ergänzt der gebürtige Badener. Das Wichtigste: »Der Gast hat Spaß dabei.«

Dass ein Sternerestaurant nicht steif sein muss, ist eine Prämisse, die inzwischen viele Sterneköche in ihren Restaurants vorgeben. Markus und Tobias Klaas lassen kuratierte Playlists mit Rockklassikern und Nischen-Bands laufen. Das kommt nicht von ungefähr, beide haben einen Hintergrund als Musiker: »Wir haben viel live gespielt, aber unsere Freunde verdienten da schon ihr Geld, und wir kamen einfach nicht weiter«, erklärt Markus Klaas bescheiden. Dabei teilten die Brüder ihre Bühne mit Madsen oder Jennifer Rostock. »Haute Cuisine und Indie Rock« titelte die Süddeutsche Zeitung über die zwei, die nach ihrer Abkehr von der Musikerkarriere bald in erstklassigen Gastronomien landeten, zuletzt bei Tohru Nakamura, Tobias Klaas als Sommelier, Markus in der Restaurantleitung. Die »beste Band ever« sei Tame Impala, greift letzterer die Playlist auf. *Half Full Glass of Wine* heißt es bei den australischen Psychedelic-Rockern. Also noch ein Glas – und schon ist die Sache geritzt. Doppelt hält eben besser.

**Adresse** Kurfürstenstraße 31, 80801 München, Tel. 089/45461930 | **ÖPNV** Tram 27, N 27, Haltestelle Nordendstraße | www.brothers-munich.com

# 21 buffet Kull
*Mia san Frenchmen in New York*

Fines de Claire Austern, Rinderfilet, Wintertrüffel, Sellerie-Purée und Portwein-Jus. Oder natürlich die legendäre Artischocke des Restaurants: Die wird in einem Gemüsefond mit Noilly Prat, Olivenöl und Zitrone gekocht, bis sich die Blätter mit *douceur* und *élégance* vom Herzen lösen lassen. Und danach das Schokoladenküchlein mit flüssigem Kern. Hach, die Kunst der Verführung findet ihr Zentrum in der Münchner Marienstraße, wo allein das Lesen der Speisekarte den Gast mitten hinein katapultiert in die Stadt der Liebe. Das gekonnte Interieur eines *bistrot parisien* tut sein Übriges: enge Bestuhlung, Kugellampen, gestärkte Tischdecken und polierte Gläser. Verspiegelte Wände verleihen dem sanft schimmernd beleuchteten Lokal noch ein bisschen mehr *grandeur*. Doch sieht das Restaurantkonzept zusätzlich einen kleinen Twist vor: Zwei Jahre hat Gastronom Rudi Kull bei Sternekoch David Bouley in New York verbracht und dort ausschließlich unter Franzosen gearbeitet. Im Münchner buffet Kull wird also französische Küche serviert – aber mit einem Touch New York. 1996 eröffnet, wurde das Restaurant somit zum Erstling des kulinarik- sowie designaffinen Gaststättenimperiums, das Kull mit Albert Weinzierl in den folgenden Jahren in München aufbaute. Dazu gehört etwa die Bar Centrale, nur wenige Schritte vom buffet Kull entfernt, der die Stadt mindestens die Hälfte ihrer Italianità verdankt.

Bei so viel geballter Gastro-Stilkunde fällt es schwer, sich die Zeit vor dem erfolgreichen Gründer-Duo ins Gedächtnis zu rufen. Und doch erinnern Kull und Weinzierl beiden gern daran, dass »die Münchner Innenstadt abends menschenleer« gewesen sei. Bis sie mit dem buffet Kull französische Lebensfreude mit New Yorker Esprit in die bayerische Hauptstadt brachten. Inzwischen geht's in der Altstadt nirgends mehr menschenleer zu. Schon gar nicht im buffet Kull. Wem's hier zu eng ist, der ist *tout simplement* nicht pariserisch genug. Voilà. Ui, jetzt wird's aber doch ein bisschen … Ach was. *Champagne, s'il vous plaît*!

**Adresse** Marienstraße 4, 80331 München, Tel. 089/221509 | **ÖPNV** alle S-Bahnen, U3, U6, Haltestelle Marienplatz | www.buffet-kull.de

# 22 Café Dankl
*Ein verliebter Ägypter in Sendling*

Wenn Medhat Abdelati am Herd steht, dann gibt es womöglich Ofenkartoffeln nach ägyptischer Art: in Scheiben geschnittene Kartoffeln, mit Karotten und Zwiebeln in Tomatensugo gegart. »Am Anfang haben die Leute gesagt: ›Was? Kartoffeln mit Tomatensoße?‹ Das kennt man hier überhaupt nicht«, erinnert er sich.

Den gebürtigen Ägypter umtriebig zu nennen wäre eine glatte Untertreibung: Eigentlich betreibt Abdelati eine Eventagentur für Großveranstaltungen im kulturellen und karitativen Umfeld. Der »Markt der Sinne« mit Kunsthandwerk auf der Praterinsel fällt darunter, auch das Musikfestival »Afrika Tage« in Wien oder München. Er hat auch die Kochwerkstatt am Sendlinger Berg ins Leben gerufen, mit Workshops von veganem Backen bis zur Einführung in die vegetarische Küche Indiens.

Und dann habe er sich in diesen Ort verliebt, erzählt der Unternehmer über das Haus, in dem er inzwischen sein Café und Deli mit vegetarisch-mediterraner Küche betreibt. Es fällt auch wirklich leicht, hier sein Herz zu verlieren: Ein denkmalgeschützter Eckbau in einer verträumten Straße, die Terrasse unter grau-weißer Markise ist gesäumt von Palmen und Olivenbäumen, wenn auch, zugegeben, eingetopft. Abdelati lebt seit über 30 Jahren in Deutschland, die meiste Zeit davon in Obersendling: »Da ich viele Sachen gleichzeitig mache, habe ich viele Kontakte.« So werden etwa der Cheesecake mit Thymian oder der vegane Apfelkuchen von einer Bekannten in der Kochwerkstatt gebacken.

Auch die Mittagsgerichte kommen mit Twist: Burrata mit Pfirsich-Tomaten-Salat und Kräuteröl, Artischockenravioli in Salbeibutter, geröstete Blumenkohlrosen mit Tahindressing. Oder das Ratatouille im Hummusbett, mit kräftig gegrillten Schalotten. Meistens steht allerdings dann doch nicht der Inhaber am Herd, sondern der italienische oder auch der französische Koch. Bis es Medhat Abdelati wieder selbst umtreibt – womöglich zu Ofenkartoffeln nach ägyptischer Art.

**Adresse** Danklstraße 32, 81371 München, Tel. 089/92580063 | **ÖPNV** U 3, U 6, Haltestelle Implerstraße | www.cafedankl.de

# 23 Café Hüller
*Königliches Kneipengericht*

Es ist das klassische Münchner Kneipengericht: Schinkennudeln. Manch einer behauptet sogar, eine hiesige Boazn, die keine Schinkennudeln anbietet, sei eh nix, und da helfe dann auch keine Innenausstattung mit alpenländischem Schnitzwerk weiter. Im kleinen bio-zertifizierten Café Hüller gibt es – obwohl Chef und Chefin Schreiner sind – sowieso keine Holzverzierungen. Aber dafür Eins-a-Schinkennudeln. Und eigentlich ist es ja auch nicht kompliziert: In der Café-Küche kommt ein bisschen Butter in die Pfanne, darin wird zuerst der Schinken angeröstet, dann kurz auch die gekochten Spiralnudeln und zuletzt die Eier-Sahne-Mischung untergemengt, Schinken und Eier natürlich in Bioqualität. Auf dem Teller werden die deftigen Nudeln mit Petersilie und feinen Karottenstreifen ausgarniert, und geriebener Käse wird in einer Extraschüssel danebengestellt. Fertig.

Im Café Hüller gibt's aber nicht nur gute Schinkennudeln (und viele vegetarische Gerichte), sondern außerdem ein Münchner Schnitzel vom Bio-Schwein, das selbst einem König zur Kost gereichte: Vor einiger Zeit sei ein Asiate an seine Geschäftspartnerin herangetreten, erinnert sich Betreiber Andreas Hüller. Ob sie denn eine Gesellschaft von 50 Leuten gleichzeitig mit Schnitzeln verköstigen könne. »Sie hat Ja gesagt«, erzählt der gebürtige Tegernseer, »was eigentlich schon ein Wahnsinn war!« Pragmatisches Vorgehen war gefragt, in einer rasch aufgebauten Schnitzelklopfstation im Hinterhof wurde das Essen vorbereitet.

Der Gast, der dann kam, ist so viel Aufhebens allerdings gewohnt: »Es war der thailändische Kronprinz, mittlerweile König, mit seinem Gefolge aus Leibwächtern«, erzählt Hüller und zeigt ein wackliges Handyfoto von Rama X. im Unterhemd an einem Lacktisch im Café Hüller. Man muss allerdings kein autoritäres Staatsoberhaupt und auch nicht der reichste Monarch der Welt mit einer Villa am Starnberger See sein, um sich im Café Hüller königlich zu fühlen. Einfach die Schinkennudeln bestellen. Das reicht.

**Adresse** Eduard-Schmid-Straße 8, 81541 München, Tel. 089/18938713 | **ÖPNV** U 1, U 2, U 7, Haltestelle Fraunhoferstraße | www.cafe-hueller.de

# 24 Caspar Plautz
*Die Oh!-Oh!-Ofenkartoffel*

Wer seinen Kartoffel-Verkaufs- und Imbissstand nach einem Benediktinerabt benennt, der bereits vor über 400 Jahren ein Kartoffelrezeptbuch verfasste und als Pionier des europäischen Erdäpfelanbaus gilt, der hat vermutlich Großes vor. Und tatsächlich konnten Theo Lindinger, eigentlich Goldschmied, und Dominik Klier, eigentlich Soziologe, seit der Eröffnung ihres Viktualienmarktstands im November 2017 einiges bewegen in der Rezeptionsgeschichte dieses Nachtschattengewächses. Die beiden Mittdreißiger trotzen der abnehmenden Sortenvielfalt und verkaufen übers Jahr 80 bis 100 meist regional angebaute und dennoch ausgefallene Sorten aus ihren Gemüsekisten. Die »Kartoffel der Woche«, das Mittagsgericht, wird inzwischen nicht mehr nur von ihnen konzipiert, es kommen auch Gäste. Zwei-Sterne-Koch Benjamin Chmura vom Tantris etwa sorgte mit seinem Rezept für lange Schlangen am Kartoffelstand.

Den Regeln der Marktaufsicht entsprechend wird beim Mittagstisch weder gebraten noch frittiert, es müssen Ofenkartoffeln sein. Am Anfang habe er das als Begrenzung empfunden, nickt Lindinger. Doch wird neu definiert, was damit möglich ist, und ungewöhnlich kombiniert: mit thailändischem Som-Tam-Salat, für den sie nicht Papaya, sondern Rhabarber und Kohlrabi verwenden, oder mit Räucheraal vom Starnberger See, verfeinert mit eigener Miso-Glasur. Verkaufsschlager ist ein hessisches Original: Für die Grüne Soße werden Borretsch, Kerbel, Kresse, Petersilie, Sauerampfer und Schnittlauch nicht wie in Frankfurt fein gehackt, sondern mit Agavendicksaft, Essiggurke, Gurkenwasser und Senf püriert und anschließend mit Quark verrührt. Dazu: gerösteter Pumpernickel und ein wachsweiches Ei.

Inzwischen gibt es wieder ein Caspar-Plautz-Kartoffelrezeptbuch. Diesmal vom Viktualienmarkt aus geschrieben und mit der vermutlich schönsten aller Liebeserklärungen an die coole Knolle versehen: »Sie wärmt, sie stärkt, sie erdet und sie nährt den ganzen Menschen.« Genauso ist es! Und ganz besonders am Stand von Caspar Plautz.

**Adresse** Viktualienmarkt Abteilung III, Stand 38, 80331 München, Tel. 0179/6632748 | **ÖPNV** alle S-Bahnen, U 3, U 6, Haltestelle Marienplatz | www.casparplautz.de

# 25\_ Charabanc Bar & Kitchen
*Charme und Show*

Eigentlich kam Elena Bolonnikova nur in die Gastronomie, um sich ihr Modedesign-Studium zu finanzieren: Im ersten Restaurant noch reiner Kellnerjob, sei sie im zweiten an der Bar gelandet und schließlich irgendwann in der Küche: »So konnte ich überall reinschnuppern, es war learning by doing«, resümiert sie. Und nun ist sie also Küchenchefin in ihrem eigenen Bistro und fügt all ihre bisherigen Erfahrungen zusammen.

Modern French steht am Schaufenster, innen finden 24 Leute Platz auf mehreren Ebenen: Ganz unten befindet sich die Kochinsel mit Bolonnikova, ganz oben eine kleine Bar, dazwischen Tische und Tresenhocker. Es wirkt ein bisschen wie eine Mischung aus heimeliger Wohnküche und intimem Hörsaal. Mit der Gastronomin an allen Fronten: An den Herdplatten hantiert sie mit brutzelnden Rinderbäckchen oder dem Kabeljau in Bierteig, mixt dann schnell mal einen Cocktail an der Bar und nimmt unterwegs Bestellungen an den Tischen auf. Eine »kulinarische One-Woman-Show«, titelte die Süddeutsche Zeitung. Genauso ist es. Und sehr lebendig.

»Ich weiß nicht, woher das kommt, ich muss immer alles gleichzeitig machen«, nickt sie. Ein guter Freund, sterneküchenerprobt, helfe ihr oft, der hingegen sei sehr strukturiert: »Ich weiß nicht, wie er das macht«, sie schüttelt erstaunt den Kopf. Bei ihr ist alles wildes Werken. Vor allem heute, wo sie alleine ist. Die Gäste freuen sich an der Dynamik und unterhalten sich bald über die Tische hinweg. »Das hier ist kein übliches Restaurant«, betont die junge Wirtin, »sondern ein aktiver Ort, gemacht fürs Socialising.«

Und natürlich fürs Essen: Als Starter bringt sie selbst gemachte Pasta: ein mit Brie gefülltes Raviolo, dazu karamellisierter Radicchio in Kürbissauce. Im Trubel hat sie die Dekoration vergessen, stellt sie am Platz ganz erschrocken fest. Das ist dem Gast aber schnurz. Vielleicht sind jetzt keine Birnenspalten dabei, aber dafür ganz viel Charme.

**Adresse** Landsberger Straße 104, 80339 München, Tel. 089/51505810 | **ÖPNV** alle S-Bahnen, Haltestelle Donnersbergerbrücke | www.charabancbar.de

# 26_Coup de Cœur
*Mittagstisch für Frankophile*

Coup de Cœur hat Mona John ihr winziges Mittagsrestaurant auf der Schwanthaler Höhe genannt – so heißt in Frankreich etwas, an das man beim ersten Anblick sein Herz verliert. Die Endzwanzigerin bietet drei Gerichte und zwei Desserts in wöchentlichem Wechsel an, allesamt von der französischen Küche beeinflusst. John hat ihre Kochausbildung nämlich in Nantes absolviert und danach in einem angesagten Pariser Neo-Bistro gekocht. Zurück in Deutschland wollte sie in die Selbstständigkeit. Doch dann war Pandemie und anstatt eines Lokals realisierte sie erst einmal das »Kochen für Nachbarn«. Bis heute bereitet die gebürtige Münchnerin einmal die Woche Mittag- und Abendessen zum Abholen in ihrem Wohnviertel zu, zusätzlich zum inzwischen eröffneten Coup de Cœur.

Im Lokal mit 16 Plätzen wird direkt vor den Augen des Gastes gekocht, die Küche befindet sich mittig im Raum, in einen Holztresen eingefasst. Viele Fauxpas darf man sich also nicht erlauben. Es sei schon etwas anderes, eine offene Küche zu haben, nickt die Gastronomin in Jeans und Sneakern zur weißen Kochbluse: »Der Vorteil am Kochberuf ist ja normalerweise, dass man sich in der Küche verstecken kann, das geht hier natürlich nicht«, sie lacht. »Aber ich bin hier ja sowieso auch im Service.« Außerdem: »Sollte im schlimmsten Fall mal etwas anbrennen, dann macht man's eben noch mal.«

Rosmarin liegt in der Luft, eine Gehilfin schwenkt die Entenbrust in einer Pfanne, man hört es brutzeln. *Magret de canard, variation de carottes tandoori*, steht im Menu auf französisch, die Übersetzung gleich drunter: Entenbrust mit Karottenvariation und Tandoori-Jus und rote Pickles. Beim *Raviolo de potiron et blettes*, einem mit Kürbiscreme und flüssigem Eigelb gefüllten Raviolo, nappiert das Eigelb beim ersten Schnitt den Teller goldgelb, dazu passt der sautierte Mangold natürlich hervorragend. Hat der Franzose dafür nicht auch ein besonderes Wort? Ach ja. *Délicieux.*

**Adresse** Westendstraße 29, 80339 München, Tel. 0152/03595146 | **ÖPNV** Tram 18, 19, Haltestelle Holzapfelstraße | www.mona-john.de

# 27 __ Crönlein
*Bar und Bedürfnisanstalt*

Als die Kinder klein waren, erinnert sich Florian Falterer, hätten sie sich als Eltern einen Ort am Spielplatz des Kroneparks gewünscht, wo sie selbst ein Glas Wein und die Kinder eine Waffel hätten bekommen können. Da sei ihm die historische Bedürfnisanstalt eingefallen: eine Männertoilette, architektonisch in eine geschwungene Mauerführung aus dem Jahr 1904 eingefügt. Ein kleiner, aber spektakulärer Ort mit selbsterklärender Adresse, am Nockherberg nämlich: »Den Nockherberg-Biergarten gab es schon damals«, erzählt Falterer. »Da wollte die Stadt ein Geschenk machen, damit es drum herum hygienischer wird. Allerdings wurde nur ein Pissoir für Männer gebaut, Frauen sollten sich wohl eh nicht im Biergarten herumtreiben«, lacht er.

Langwierig war der Umbau: »Für die Nutzungsänderung brauchte es viele Genehmigungen.« Naturschutzauflagen mussten eingehalten werden, ist der Kronepark doch Landschaftsschutzgebiet. Und dann der Denkmalschutz: »Ich saß in dieser Phase in einigen Behördenbüros«, so Falterer. Es hat sich gelohnt. Denn heute ist das Crönlein ein bezaubernder Ort für einen Aperitif. Geöffnet wird nur bei gutem Wetter, dann kann das Treppenplateau hinauf zum Kronepark als Freischankfläche genutzt werden, und da sitzt man auf Stahl-Holz-Hockern an schmalen Tischen, eingebettet ins Grün der Parkbäume, vielleicht beschallt von einer Jazz-Band beim Freiluftkonzert. Die Karte ist »en miniature«, alles darauf aus hauptsächlich biologischen Zutaten. Die sonntäglichen Waffeln am Steckerl sind aus Dinkelvollkornwaffelteig und puderzuckerbestäubt, und auch die kleinen Steinofenpizzen gibt es nur in einer Variante: Tomate-Mozzarella mit frischem Basilikum, dafür aber eben mit Mozzarella Fior di Latte aus einem Südtiroler Kleinbetrieb.

Apropos klein: Nur 13 Quadratmeter ist der Gastraum groß, doch aufs Heisl dürfen hier heute alle. Im Crönlein gibt's nämlich inzwischen eine Unisex-Toilette. Gleichberechtigung in Bayern? Check!

**Adresse** Am Nockherberg 8, 81541 München, Tel. 089/21562990 | **ÖPNV** U 1, U 2, U 7, Haltestelle Kolumbusplatz | www.croenlein.com | **Tipp** Im Winter lässt sich die Location für private Feste mieten. Am besten für 20-50 (das ist dann schon recht kuschlig) Personen.

# 28　Dallmayr Delikatessenhaus
*Mittels Kaffeebohne zur Ikone*

Die Fassade in Gelb und Weiß ist längst ikonisch, im Gebäudeinnern spaziert man über Veroneser Marmor von der Deli-Theke über die Pâtisserie bis zur Kaffeeabteilung mit handbemalten Nymphenburger Porzellanvasen voll gerösteter Bohnen, bedient von Verkäuferinnen in gestärkten Schürzen – ganz wie man es aus der Fernsehwerbung kennt.

Drei Millionen Besucher zählt das Feinkosthaus jährlich, so viel Historie ist ja auch beeindruckend: Um 1700 gegründet, erhielt das Unternehmen 1870 den Namen des Kaufmanns Alois Dallmayr. 1895 erwarb Anton Randlkofer das Geschäft, seine Witwe Therese, die auch Münchens erste Bananen einführen ließ, vergrößerte es über mehrere benachbarte Häuser. Seither lautet die Adresse der Hoflieferanten Dienerstraße 14–15, obwohl die Unternehmerin auch die Nummer 13 erwarb – die Zahl jedoch aus Aberglauben unter den Tisch fallen ließ. 1933 kam Kaffeekaufmann Konrad Werner Wille dazu, bis heute wird Dallmayr von beiden Familien geführt.

Inzwischen wurden die Verkaufstheken um unterschiedliche Gastronomiekonzepte erweitert: unten eine Champagner & Seafood Bar, im ersten Stock das zweifach besternte Alois und das Café-Bistro mit feudalem Frühstück sowie Hummer Thermidor. Oder man packt an der Deli-Theke alles fürs Picknick ein: Vitello tonnato, mit Ziegenkäse gefüllte Feigen, asiatischen Rindfleischsalat. All das wird täglich frisch im zweiten Stock zubereitet und stetig an die Theken gebracht. »Das ist für mich das Dallmayr-Geheimnis«, resümiert Pressesprecherin Sunny Randlkofer, die mit dem Ururgroßenkel von Therese verheiratet ist.

1948 hieß es in der Münchner Stadtchronik über die Wiedereröffnung des durch Bombenangriffe fast völlig zerstörten Unternehmens: »Bereits eine halbe Stunde nach Eröffnung musste das Haus wegen Überfüllung vorübergehend geschlossen werden.« Wer erahnen möchte, wie es damals zugegangen sein könnte, dem sei ein Besuch zur Vorweihnachtszeit unbedingt angeraten.

Adresse Dienerstraße 14–15, 80331 München, Tel. 089/21350 | ÖPNV alle S-Bahnen, U 3, U 6, Haltestelle Marienplatz | www.dallmayr.com

## 29 Griabig
*Sauvignon, Subkulturrebellen und Schlutzkrapfen*

Der schöne bayerische Begriff »griabig« bedeutet gemütlich, behaglich, lauschig. Und ist somit nicht das erste Wort, an das man bezüglich eines Küchenchefs aus der Riege der jungen wilden Köche denkt, der von der »Süddeutschen Zeitung« als »kochender Punk« beschrieben wurde. Aber während Bernd Arold sein Restaurant Gesellschaftsraum – mit aufwendig-aufmüpfiger, etikettenerodierender Gourmetküche – in den Corona-Wirren von 2020 schließen musste, konnte er diese direkt nebenan gelegene Weinbar glücklicherweise weiterführen. Und zwar ohne punkiges Hochtuning, so Arold: »Das ist alles straight hier, die Karte klein und alles frisch gemacht«, resümiert der gebürtige Unterfranke.

Dass diese Zusammenfassung als Garant für feine Küche taugt, merkt man gleich bei den Schlutzkrapfen, für deren Teig Arold Roggen- und Weizenmehl hälftig mischt und dazu die beim Brotschneiden übrig gebliebenen Krumen für eine nussig-geröstete Geschmacksnote untermengt: »So ist das klassische Rezept, nur macht das heute keiner mehr.« Die Schlutzer, gefüllt mit einer Masse aus gebackener Kartoffel und angeschwitzten Zwiebeln und Kräutern, richtet er mit Rucolablättern und Radieserln an, verrührt dazu Schmand mit Öl »für die Cremigkeit«. Selbst eingemachte Preiselbeeren addieren Süße, die sich im honigmelonensatten Schmelz des Weißweins »To« des burgenländischen Weinguts Velich wiederfindet: »Der Schlutzkrapfen wird ummantelt von dem Wein«, nickt Arold.

Am schönsten ist es im holzgetäfelten Raum im hinteren Teil der Weinbar, der vor Jahren als Umkleide genutzt wurde, da war hier noch der Merchandising-Laden des gegenüberliegenden Hofbräuhauses. »Es sah aus wie eine Sauna, furchtbar hässlich«, erinnert sich der Gastronom. Das tut es nicht mehr. Jetzt kann man hier direkt unter einem geöffneten Fenster zur Küche den Chef beim Raspeln und Rühren beobachten. Und sich zurücklehnen auf grünsamtenen Kissen, denn es ist gefunden: a griabigs Platzl.

Adresse Bräuhausstraße 8, 80331 München, Tel. 089/23239323 | ÖPNV alle S-Bahnen, U3, U6, Haltestelle Marienplatz | www.das-griabig.de

# 30 __ Der Dantler
*Geeigneter Rahmen für Giesinger Ramen*

Ein Dantler, das ist im Bairischen ein Händler, der unterschiedlichste Ware vertreibt, auch gebrauchte. Die käuflichen Produkte im »Bayerischen Deli« von Jochen Kreppel und Maximilian Süber sind allerdings originalverpackt. Das florale Pale Ale der Nürnberger Craftbeer-Brauerei Orca Brau etwa, dessen Etikett den weißhaarigen Onkel von Küchenchef Jochen Kreppel zeigt. In schönster Tracht kommt der daher und beweist doch gänzlich traditionsungebunden das Zeug zum Perspektivwechsel: Onkel Wölfi bedeckt sein Gesicht mit zwei frischen Saiblingen – fast scheint es, als blickte er durch Fischaugen auf die schöne bayerische Welt.

Neue Blickrichtungen sind auch in Kreppels Küche zu entdecken, etwa in der sommerlichen Interpretation einer italienischen Panzanella. Warum sollte das Brot denn mit hinein in den Brotsalat? Es funktioniert doch schließlich auch mit einem ofengerösteten Crostino als schmalem Steg quer über dem Tellerrand, darauf Tupfer von Schnittlauchmayonnaise, geröstete Pistazien, Senfblüten und Gewürztagetes. Im Salat darunter finden sich cremiger Stracciatella di bufala, Melonengurken, verschieden gefärbte Tomaten, in Öl frittierte Basilikumblätter und Erbsen, die auf leichtesten Zungendruck im Munde platzen. Alles Mögliche also – nur kein Brot.

Während die Panzanella von der aufwendigeren Abendkarte stammt, geht es mittags einfacher, aber mit Giesinger Ramen (mit Fisch, Fleisch oder als vegetarische Variante) nicht minder farbenfroh und delikat zu. Die Nudelsuppe nach japanischem Vorbild variiert je nach Saison und Markt. Zu Seeforelle, Seeteufel und hellem Saiblingskaviar kann man etwa klein geschnittene Kohlrabi und Pfifferlinge ausmachen, eine dotterweiche Eihälfte samt zweierlei Sesam, dünn eingerollte Avocadoscheiben und natürlich selbst gemachte Nudeln. Dass Ramen in Giesing genauso gut mundet wie in Tokio, wer hätte das gedacht? Gut, Onkel Wölfi vermutlich. Der hat die F(r)ische im Dantler eben immer im Auge.

**Adresse** Werinherstraße 15, 81541 München, Tel. 089/39292689 | ÖPNV U 2, U 7, Haltestelle Silberhornstraße | www.derdantler.de

# 31 Der kleine Flo
*Mini-Burger, München-Mottos*

»Da sitzen sie, wie in einem Hammam«, zeigt Florian Kantor auf seine Teiglinge im Gärschrank. Dann zieht der Münchner eine fertige erste Fuhre der gewölbten, fluffigen Briocheteig-Buns aus seinem Ofen. Warmer Hefeduft strömt aus der offenen Küche in den bewährten Industrial Chic dieses Burgerladens mit Längskacheln, Holzbänken und Sukkulenten. Ganz schön viele Buns passen auf so ein Backblech, denkt man sich noch, während man den Burgerbäcker hantieren sieht. Aber klar, die sind ja auch für den Burgerladen »Der kleine Flo«. Und Florian Kantor, nach dem der Laden benannt ist, ist selbst gar nicht so klein – seine Mini-Burger aber eben schon.

Während eines spanischen Auslandssemesters seiner Frau, der Mitgründerin Julia Kantor, kam dem Paar folgender Gedanke: Die Tapas-Kultur für Burger-Liebhaber umzusetzen, das wäre doch was! »Diese Vielfalt fehlte mir beim Burgeressen«, erzählt die Hessin. »Man schafft ja immer nur einen.« 2017 eröffneten sie ihren eigenen Mini-Burger-Laden mit ausgefallenen Kombinationen. Darunter auch Münchner Varianten wie »Altstadt« mit gebratener Weißwurst, süßem Senf und Radieserln oder »Schwabing« mit abgebräuntem Leberkäse neben international Inspiriertem, einer japanisch-koreanischen Fusion etwa mit selbst gemachtem Kimchi und Teriyakisoße zum Ochsen-Patty. Das Fleisch kommt vom bayerischen Fleckvieh-Ochsen, Mehl für die Buns von der letzten aktiven Getreidemühle Münchens (siehe Kapitel 48), die Gurken und Zwiebeln sind selbst eingelegt, sämtliche Soßen hausgemacht. Die Chimichurri aus Petersilie, Knoblauch, geräucherter Paprika und getrockneter Tomate etwa, auf die man im Chimichurri-Burger trifft.

Auf den Tischen warten Messer und Gabel in Kuchenbesteckgröße. »*Enjoy the little things*«, steht mit Kreidestift an der Wand. Und eigentlich ist so ein Mini-Burger ja auch die perfekte Verkörperung des münchnerischsten aller Mottos: A bissel was geht immer.

**Adresse** Josephspitalstraße 4, 80331 München, Tel. 089/99018865 | **ÖPNV** alle S-Bahnen, U 4, U 5, Haltestelle Karlsplatz (Stachus) | www.derkleineflo.de

# 32  Der Sizilianer Trinacria
*Pflanzerl goes Polpette*

Eigentlich war nur ein sizilianischer Feinkostladen geplant. Doch bald begann Roberto Careri Rezepte aus seiner Heimat zu kochen, um sich die Wartezeit auf Kundschaft zu verkürzen. Und einfach so war diese Haidhausener Café-Bar mit Cornetti am Morgen, Snacks und Mittagstisch geboren. Die Tischchen sind allesamt mit bunter Folie überzogen, Hocker geben weitere Farbtupfer, aus dem Radio ertönen *canzoni*, und überhaupt duftet und deucht es hier nach *italianità*.

»Es gibt nicht nur sizilianische Küche im Trinacria«, erklärt der Gastronom aus Palermo. »Und auch kein Hirn oder so.« Nur einmal im Jahr, wenn er mit Stammkunden das Tischkicker-Turnier in seinem Laden organisiert, dann bietet Careri das inseltypische einstige Arme-Leute-Essen »pani câ meusa« – Brot mit Milz – an, für das unbeliebte Fleischstücke wie Darm, Milz oder Herz in Schmalz frittiert und mit Zitronensaft und Caciocavallo-Käse als intensiver Brotbelag gereicht werden. »Wenn ich in Palermo bin, sehe ich die Touristen Schlange stehen, um dieses sizilianische Streetfood zu kaufen.« Aber deswegen in München eine reine Panineria eröffnen? »Da würde ich vermutlich pleitegehen.«

Also gibt es überbackene Auberginenhälften, selbst gemachte Ravioli mit Ricotta und Kürbis oder Polpette, die italienischen Fleischpflanzerl, in deren Hackmasse selbstredend Parmesan eingearbeitet wird. Zum Mittagstisch mit Selbstbedienung verteilt Careri geröstete Mandeln über seine Pflanzerl, als Reminiszenz an die arabische Vergangenheit Siziliens einerseits, für den zusätzlichen Biss und rauchige Röstaromen außerdem. Seine Grundzutaten bezieht er sämtlich aus Sizilien, die Kaffeebohnen für den »Tonaca di Monaco« etwa direkt aus der palermitanischen Rösterei Moka Termini. Und das ist jetzt zwar schade, aber nein, Careris Kaffee heißt nicht nach unserer schönen Stadt. Er trägt diesen Namen, weil echter Espresso die Farbe einer Mönchskutte haben sollte. *Semplicemente.*

**Adresse** Balanstraße 25, 81669 München, Tel. 089/45479084 | **ÖPNV** alle S-Bahnen, Haltestelle Rosenheimer Platz | www.dersizilianer.com

# 33  Deutsche Eiche
*Another one bites the Dunkelbrot-Croûton*

Es ist der Nukleus der Münchner Schwulenkultur. Dabei klingt der Name dieses Hotels so gutbürgerlich, wie es die Speisekarte des Restaurants im Erdgeschoss auch ist – aber wirklich nur die! Denn während die Gaststätte mit Wiener Schnitzel von der Kalbsoberschale oder Tiroler Gröstl lockt, warten auf den anderen Etagen ganz andere Versuchungen ebenfalls fleischlicher Art: Eine der größten Männersaunas Mitteleuropas erstreckt sich hier über vier verschiedene Stockwerke und sechs Grundstücke, im Keller harren Pornokino und Irrgärten ihrer Erkundung. Bereits seit acht Jahrzehnten (und vermutlich noch länger) ist die Deutsche Eiche liberales libidinöses Terrain. Das lockt kreative Geister, Freddie Mercury etwa war während seiner Münchner Jahre Anfang der 1980er hier Stammgast.

Noch heute werden in der Deutschen Eiche die Lieblingsgerichte des Queen-Leadsängers serviert: Capellini in Olivenöl mit Knoblauch, Petersilie und frisch geschnittener Chilischote. Und Bierbrotsuppe mit Dunkelbrot-Croûtons, für die der Koch eine Mehlschwitze ansetzt und mit frischer Gemüsebrühe und etwas Dunkelbier aufkocht. Die Suppe wird in einer Sauciere an den Tisch getragen, damit das in der Pfanne buttergeröstete Dunkelbrot nicht auf dem Weg von der Küche an den Holztisch bereits seinen Biss verliert.

Die Rezepte sind in der Hotelküche dokumentiert, schon Mercurys Butler musste sie sich dort auf Geheiß des Künstlers aneignen, wie Geschäftsführer Roger Holzapfel-Barta erzählt. Seine Adoptivväter betreiben die Deutsche Eiche seit 1993 und erweiterten nicht nur das Haus, sondern auch die Akzeptanz dafür. Und zwar dergestalt, dass manch ein Stadtrat hier die Mittagspause verbringt, die Münchner CSU inzwischen mit eigenem Wagen beim Christopher Street Day vertreten ist und ein katholischer Pfarrer bei der Fronleichnamsprozession am Stationsaltar der Deutschen Eiche stoppt. Bäm! Auch das ist München! Oder um es mit Freddie zu sagen: *It's a kind of magic.*

**Adresse** Reichenbachstraße 13, 80469 München, Tel. 089/2311660 | **ÖPNV** alle S-Bahnen, U 3, U 6, Haltestelle Marienplatz | www.deutsche-eiche.de

# 34  Die Küche im Kraftwerk
*Obenauf in Obersendling*

Schon die Dachterrasse ist spektakulär: 1.500 Quadratmeter groß, mit Blick bis zur Zugspitze. Dabei galt das ehemalige Heizkraftwerk aus den 1960er Jahren, zu dessen Kesselhausturm der Freibereich gehört, noch vor wenigen Jahren als Schandfleck im städtebaulichen Gefüge. 1999 stillgelegt, stand es ein Jahrzehnt lang leer, zwei Jahre sollte die Entkernung des – samt Schornsteinen – 80 Meter aufragenden Giganten dauern. Heute summen hier oben Bienenvölker das Kräuterbeet auf und ab, und ein Wanderfalken-Pärchen hat in Schlothöhe seine Brutstätte gefunden. Derweil erinnern die Preisschilder der Terrassenbestuhlung daran, dass man sich in der vierten Etage des Flagship-Stores von KARE Design befindet. Hier ist das Möbelhausrestaurant »Die Küche im Kraftwerk« untergebracht, das Stefan Scheib und Gerald Fraidl führen.

Dass Möbelhaus und Lokalausstattung hier fusionieren, ist am Innenbereich des Restaurants abzulesen: Der Tresen der Edelstahl-Showküche wurde mit antiken Wandborten aus Indien verkleidet, die Gäste nehmen auf Stahlrohrstühlen an rustikalen Tischen unter Industrieleuchten Platz. Einkaufen kann man auch: von der Kraftwerk-Küche kreierte Gewürzmischungen und Marmeladen, Kaffee aus eigener Röstung, Eierlikör nach einem Rezept der Großmutter Scheibs. Oder den Premium-Dosenfisch aus Portugal, der im Restaurant als Vorspeise angerichtet wird. Trotz erworbener Hilfsmittel wird es allerdings schwerfallen, die Abendempfehlungen der Karte selbst nachzukochen – die elegante Kartoffel-Millefeuille zur knusprigen Wachtel samt aromatisch reduziertem Jus etwa. Oder das Pastagericht mit den selbst gemachten Spaghetti, die so warm und mollig im aufgeschlagenen Trüffelfond liegen, als wäre es Badeschaum.

Dieser kulinarisch wie architektonisch erhebende Ort befindet sich also in einem Möbelhaus. In einer ehemaligen Industriebrache. In Obersendling. Auch das muss man sich mal auf der Zunge zergehen lassen.

Adresse Drygalski-Allee 25, 81477 München, Tel. 089/45212899 | ÖPNV U 3, Haltestelle Forstenrieder Allee | www.diekuecheimkraftwerk.de

# 35 — Fink's Südtiroler Knödelküche

*Kohlenhydrate aus der nördlichsten Provinz Italiens*

Manchmal braucht es eben Kohlenhydrate, damit's einem warm und heimelig wird. Und in solchen Momenten muss man da hin, wo's echte Südtiroler Knödel gibt. Eigentlich ist man von München aus eh schnell in der nördlichsten Provinz Italiens. Aber wenn es pressiert, wie gut, dass es dann das Fink's gibt: »Die Rote Bete-, Speck-, Spinat- oder auch Käseknödel werden viel bestellt, wie auch in Südtirol allgemein«, nickt Valentin Fink. Der junge Wirt erklärt, worauf es bei einem Knödel ankommt: »Von der Konsistenz muss man ihn einfach mit der Gabel zerteilen können.« Sollte der Gast ein Messer brauchen, sei das eine Beleidigung für den Koch. Bei zu viel Mehl etwa wird der Knödel hart. Im Idealfall – also wie im Fink's – komme man ohne zusätzliches Mehl aus.

Rund 15 deftige Varianten gibt's im Fink's, sämtlich Semmelknödel, bis auf die neu hinzugefügte Quarknocke mit schaumiger Konsistenz und feiner Salbeinote. Alle erfahren sie Zuwendung in Form von geschmolzener Butter, Parmesan und Schnittlauch. Man kann allerdings auch Saucen extra bestellen, Gorgonzola etwa, sehr fein zu Spinat-Walnussknödel.

Produziert und schockgefroren werden die Knödel in Bozen: »Dort betreiben wir unser Restaurant Fink mit großer Produktionsküche.« Die Rote Bete und den Lauch für seine Knödel baut der junge Südtiroler selbst an: »Wir bestellen ein ganz und gar unbehandeltes Gemüsefeld in Eppan.« Seine Frau habe sich das während der Pandemie ausgedacht, präzisiert der Südtiroler: »Es ist natürlich viel teurer, als das Gemüse zu kaufen, aber es ist auch viel cooler.« Ach, das klingt doch sehr gesund. Da kann man sich bestimmt noch den Dessert-Knödel bestellen, aus dem bei beherztem Stich flüssiges Zartbitterschokoladen-Orangenmus hervorquillt und sich alles mit brauner Butter, Zucker und Semmelbrösel zu einem gemütlichen Ganzen fügt.

**Adresse** Klenzestraße 40, 80469 München, Tel. 089/24206602 | **ÖPNV** U 1, U 2, U 8, Haltestelle Fraunhoferstraße | www.finks.eu | **Tipp** Die hoch über dem Eisacktal gelegene Pension Briol gilt ganz zurecht als Gesamtkunstwerk. Seit 1928 nahezu unverändert, begegnet man dem Bauhausstil hier auf Schritt und Tritt. Valentins Mutter ist die Urenkelin der Gründerin dieses fabelhaften Areals auf 1.310 Metern, inzwischen ist auch Valentin ins Pensionsgeschäft mit eingestiegen. Echte Südtiroler Knödel gibt's hier selbstredend auch, die rollt aber der Koch oben selbst.

# 36_Fisch Witte
*Gräten für Gourmets*

Die Fischsuppe von Fisch Witte ist legendär. Hella Witte erklärt gleich, warum der Klassiker ihres Bistros so beliebt ist: »Wir haben die besten Gräten, die wir für die Suppe auskochen. Das macht's aus.« Von Drachenkopf, Knurrhahn, Seezunge, Steinbutt, St.-Peters-Fisch und was sonst noch zu finden ist – jeden Tag werden in zwei hohen Edelstahltöpfen rund 50 Liter Fond daraus gekocht, so die Unternehmerin.

Dass es bei Fisch Witte viel exzellente Ware gibt, ist an der Suppeneinlage abzulesen: Je nachdem, was eben gerade da ist, finden sich Saint-Pierre-Muscheln, Lachsstücke, Knurrhahn, Dorsch, Seeteufel und Scampi in der aromatischen Bouillon, die klar bleibt, im Unterschied zur Marseiller Bouillabaisse. Wer zur Erheiterung seiner Tischgenossen beitragen will, bindet sich die überdimensionierte Fisch-Witte-Papierserviette um, die man an einem Serviettenhalter abreißt. Dann ist es auch nicht tragisch, wenn von der sämigen Rouille – der Knoblauch-Mayonnaise nach Geheimrezept von Hella Witte – ein bisschen was vom Weißbrot tropft.

»*If it swims, we have it*«, ist der Leitspruch des Kult-Standls, den Hella und Klaus Witte seit 1985 am Viktualienmarkt betreiben, Forellen, Bachsaibling und Karpfen kommen sogar aus der eigenen Fischzucht. »Wir züchten bei Erding, wo's ein super Wasser gibt – deswegen sind dort ja auch die großen Brauereien ansässig.« Sie lacht: »Und genau dieses Wasser haben wir für unsere Fische eben auch.« Regelmäßig besuchen die Wittes den weltgrößten Großmarkt Rungis in Paris. Sie sind auch auf die schottischen Hebriden gereist, von wo sie die Jakobsmuscheln beziehen. »Und mein Mann fliegt einmal im Jahr nach Japan, um sich immer wieder unseren Lieferanten vorzustellen.« Das sei wichtig für die beständige Qualität der Ware. »'Die san ekelhaft', sagt man über uns«, lacht die gebürtige Miesbacherin, sehr zufrieden mit dieser Einschätzung. »Das bedeutet, dass jeder weiß: Bei uns muss beste Qualität abgegeben werden.«

**Adresse** Viktualienmarkt 9, 80331 München, Tel. 089/222640 | **ÖPNV** alle S-Bahnen, Haltestelle Marienplatz oder Isartor; U 3, U 6, Haltestelle Marienplatz | www.fisch-witte.de

# 37_Fizzy Bubele
*My mom cooks better than yours*

»*My mom cooks better than yours*«, steht in schwarzen Lettern an einem Container des Schwabinger Interims-Elisabethmarkts. Ja, der Spruch beziehe sich auf ihre eigene Mutter, eine ausgezeichnete Köchin, nickt Ben Fischer, der gemeinsam mit seinem Bruder Daniel das Streetfood-Standl betreibt. »Die Inspiration und unsere Grundrezepte sind von der Mama«, erzählt der Münchner. Auch die Inspiration und alle Grundrezepte kämen von ihr.

»Meine Mutter hat marokkanische Wurzeln«, resümiert Fischer den kulinarischen Background seiner Familie. Und fügt schmunzelnd hinzu, dass er ihre südländisch-sephardische Küche leckerer fände als den bei aschkenasischen Juden so beliebten Gefilte Fisch: »Bei uns wurde mit Safran gekocht, es gab Couscous und arabische Einflüsse.« Deswegen sei »israelisch« als Zuordnung ihres Streetfood-Konzepts im Grunde zu eng gefasst: »Wir orientieren uns daran, was auf den Straßen Tel Avivs gegessen wird – denn in Israel kommt ja jeder von irgendwoher.«

Das Fladenbrot wird aus Haifa importiert. Für dessen Befüllung zu »Mr. Sabich's Pita« – mit frittierten Auberginen, Kartoffelecken, Bio-Ei, Tahini, Hummus und verschiedenen Soßen – benötige es 15 Arbeitsschritte. Denn bei unausgewogener Schichtung habe man beim ersten Bissen nur Ei im Mund, danach vielleicht nur Aubergine. »Im Idealfall erwischst du aber alles auf einmal.«

Die Qualität ihres Hummus hat sich herumgesprochen. Die Tahina dafür stammt ebenfalls aus Israel, dort sei die Paste aus gemahlenem Sesam weniger bitter, fast vanilleartig. Außerdem werden Kichererbsen bei Fizzy Bubele von Hand geschält: »Wenn man die Hülsen nicht mitverarbeitet, ist das Hummus noch seidiger.« Es gehe um die Extrameile, nickt Ben Fischer. Wie würde es bei Muttern heißen? »Schatz, das kannst du besser!« Und wer benötigt noch Tipps zur Unternehmensführung, wenn er dem mütterlichen Fingerzeig folgt? Die Fischer-Brüder wohl nicht.

**Adresse** Elisabethmarkt, Stand 3, 80796 München, Tel. 0176/72251030 | **ÖPNV** Tram 27, 28, Haltestelle Elisabethplatz | www.fizzybubele.de

# 38 Gans Woanders
*Knusper, knusper, knäuschen: Pizza im Hexenhaus*

Wie aus einem Kinderbuch gepurzelt steht es da: windschief gezimmert, spitze Giebel, eine Terrasse in den Baumkronen, treppauf und treppab geht es zu versteckten Nischen und Balkonen. Das Häuschen ist so charmant wie der Kontrast zum Standort frappierend: Über die Eisenbahnbrücke direkt dahinter rattern Waggons, drum herum gibt es nichts als Verkehrsgetümmel und Häuserschluchten. Doch von Tristesse keine Spur. Das Gans Woanders besitzt genug Seele für einen ganzen Straßenzug.

Eine Kleinkunstbühne im Innenhof. Kein Konsumzwang. Für derlei ist das auf Hochkultur gebürstete München eigentlich nicht bekannt. Doch ein Brüdergespann lotet die Möglichkeiten der Stadt neu aus: Daniel Hahn manövrierte den Ammersee-Ausflugsdampfer »MS Utting« auf eine Eisenbahnbrücke an der Großmarkthalle und eröffnete dort eine Eventlocation. Sein Bruder Julian entwickelte unter anderem das Freiluftcafé Gans am Wasser samt kirgisischer Jurte im Westpark.

Im Hexenhäuschen erklärt Mitbetreiber Philipp Behringer derweil, wie der italienische Holzofen mit Ziegeln aus dem alten Schlachthof eingemauert wurde. Und dass es Pizza auch in veganen Varianten gibt, mit Ofengemüse, Champignons, Pinienkernen und Cashewkäse, den eine Mitarbeiterin entwickelte. Hausgemacht ist auch die fruchtig süße Kürbiscreme, die auf der Pizza Stagionale perfekt mit Südtiroler Speck und Parmesansplittern harmoniert. Oder die Rosmarin-Pommes vom befreundeten Biobauern, dessen Äcker bei Freising liegen.

Als die Nachbarschaft vor dem Plan warnte, das Café rot zu streichen – ist das fußballerisch tiefblaue Giesing doch fest in Löwen-Hand –, konnten Passanten über die Farbwahl abstimmen. Der Rotton sei dann dunkler geworden als vom Architekten vorgesehen, nickt Behringer. Die Stadt, in der man lebt, selbst mitzugestalten muss keine Utopie bleiben, so die Botschaft. Es geschieht. Genau hier und Gans Woanders.

**Adresse** Pilgersheimer Straße 13, 81543 München, Tel. 089/24597785 | **ÖPNV** U 1, U 2, U 7, Haltestelle Kolumbusplatz | www.ganswoanders.de

# 39 — Gasthaus Waltz
*Schick und Schmäh und Schwammerlgulasch*

Es hat wohl genau diese zwei jungen Österreicher gebraucht, um der Wirtshauskultur in München einen Schub ins Zeitgenössische zu verschaffen: Stefan Grabler und Markus Hirschler haben im Glockenbachviertel ein modernes Beisl eröffnet. Und servieren hier gehobene österreichische Wirtshausküche in holzvertäfelter, aber schlicht gehaltener Gemütlichkeit. Den Erfolg des frischen Konzepts merkt man nicht nur am schnell gewachsenen Stammpublikum, sondern auch daran, dass die zwei Wirte ihr Team unter anderem aus den Sterneküchen von Tohru Nakamura oder dem Tantris rekrutieren konnten. Chefkoch Alex Gaßlbauer mag zwar selbst kein Österreicher sein – Krensuppe mit Preiselbeeren, Tafelspitz oder Topfenknödel mit Zwetschgenröster gelingen dem Niederbayern dennoch hervorragend. Ja und dann warten hier ja auch noch tausend Positionen Wein auf kenntnisreiche Trinker, schließlich gehört auch die Münchner Weinimport-Familie Biber mit zur Gasthaus-Crew.

Auf die Frage, welcher Wein besonders gut zu seinem Backhendl passe, hat Stefan Grabler blitzschnell eine Antwort parat: »Da müssen wir in die Steiermark gehen«, stellt er klar. Und nicht nur – aber vielleicht schon auch ein bisschen – weil er ja selbst ein Steirer ist: »Zum Weingut Tement, Sauvignon Blanc, Ried Grassnitzberg, aus dem Jahr 2020«. Dieser Wein zu einem Backhendl und Vogerl-Erdäpfel-Salat – der junge Mann hält kurz inne, um für seine Begeisterung die rechten Worte zu finden: »Das ist Weltklasse.«

Die Produkte für die Küche sind selbstredend ausgesucht: Reh von Gut Polting, Gemüse vom Viktualienmarkt, die klassischen Brotstangen mit grobem Meersalz und Kümmel backt Münchens Kultbäcker Julius Brantner ausschließlich fürs Gasthaus Waltz. Es geht aber sogar noch exklusiver: Das steirische Kernöl bezieht Stefan Grabler von seiner Großmutter, etwa fürs Gericht Kalbszunge, Krensauce und Kernöl von Oma Grabler. Gschmackig, würde man auf Österreichisch da wohl sagen. Oder eben auch: »Das ist Weltklasse.«

Adresse Ickstattstraße 13, 80469 München, Tel. 089/90429847 | ÖPNV U 1, U 7, Haltestelle Stiglmaierplatz | www.waltz-gasthaus.de

# 40 — Gaststätte Großmarkthalle
*Weißwurst beim Wallner*

Wer sich in München auskennt mit der Weißwurst, der geht »zum Wallner«, sprich: zu Ludwig Wallner und seiner Schwester Gabi Walter, die den Gaststättenbetrieb mit der hauseigenen Metzgerei im Keller in zweiter Generation führen. Der Metzgermeister gehört zu den letzten Wirten der Stadt, die ihre Weißwürste noch selbst herstellen. Einem Wirtsmetzger wie ihm wird die Erfindung der Weißwurst im Jahre 1857 in einem Gasthaus am Marienplatz zugeschrieben. »Ein Zufall«, resümiert Wallner: Kalbsbratwürste hätten es werden sollen, doch waren die Schafsaitlinge ausgegangen. Den empfindlicheren Schweinedarm, den man als Ersatz genommen hatte, wollte man lieber nicht braten, sondern nur brühen.

Von Montag bis Samstag wird im denkmalgeschützten Ensemble südlich der Großmarkthalle produziert, kurz vor sechs Uhr morgens geht's los, ab sieben Uhr gibt's die kesselfrischen Würste, mit süßem Senf, Brezn und Weißbier, wie sich das gehört für ein Münchner Frühstück. Dass seine Brühwürste besonders beliebt sind, führt der Metzger auf sein Kalbsbrät zurück. Die Weißwurstverordnung schreibe einen Muskelfleischanteil von mindestens 51 Prozent vom Kalb vor, ansonsten dürfe Schwein beigemischt werden. In Wallners Weißwurst kommt zum gekutterten Schweinerückenspeck aber ausschließlich Kalbsfleisch. Es sei nun mal zarter, betont er. Mit Zitronenschale, Pfeffer, Muskatblüte und Petersilie abgeschmeckt, werden die Würste bei 74 Grad 20 Minuten lang vorgebrüht, dann geht's ins Eisbad für den Kälteschock, der die helle Farbe erhält.

Ob gezuzelt, im Längsschnitt halbiert oder mittels Kreuzschnitttechnik im Zickzackmuster aus der Haut gedreht – wie man eine Weißwurst isst, sei letztlich egal, sagt Ludwig Wallner. Oder auch, wann: »Es gibt Wirtshäuser, da gibt es ab 12.01 Uhr keine Weißwurst mehr«, nickt er. »Dabei werden Weißwürste heute eh vorgebrüht und gekühlt aufbewahrt.« Das Zwölf-Uhr-Läuten ist dem Wallner wurscht. Nehmt das, Puristen!

**Adresse** Kochelseestraße 13, 81371 München, Tel. 089/764531 | **ÖPNV** U3, U6, Haltestelle Implerstraße | www.gaststaette-grossmarkthalle.de

# 41 Geisel's Vinothek
*Kost, Cuvées und Kreuzworträtsel*

Weinflaschen in allen Ausführungen sprengen fast die Holzschränke ringsum, mal mehr, mal weniger bauchig, mit goldschimmerndem oder poppig buntem Etikett. Im Kreuzrippengewölbe prangt ein lüftlgemalter Dionysos. So lässt sich an den weich gescheuerten Holztischen darunter vortrefflich Wein trinken.

Seit 1991 befindet sich die Vinothek im Erdgeschoss des Hotels Excelsior. Das Vier-Sterne-Haus gehört der Hoteliersfamilie Geisel, die bereits in vierter Generation an mehreren Orten Münchens wirkt. Und einen Weinberg im Württembergischen ihr Eigen nennt, dessen Trauben mit jenen des prämierten Weinguts Horst Sauer zu einer Cuvée aus Müller-Thurgau, Bacchus, Scheurebe und Riesling zusammenfanden. »Aus Sauer und Geisler wurde SauGeil«, erklärt die Service-Kraft. »Das ist unser Sommerwein, der schmeckt immer.« 38 Seiten Weinkarte, rund 700 Flaschen, 15 bis 20 davon offen. Wer nur etwas knabbern will zum Wein, lässt sich die schinkenumwickelten Grissini bringen. Den San Daniele dafür importieren die Betreiber seit über 25 Jahren aus dem Friaul.

Doch meistens bleibt es nicht bei diesem Schmankerl: Thomas Kahl hat im Tantris gearbeitet, sich auf Mallorca einen Stern erkocht und kredenzt nun als Küchenchef der Vinothek neben Klassikern wie Flammkuchen – mit hauchdünn geschnittenem Carpaccio vom bayerischen Rind, Rucola und angeschwitztem Staudensellerie auf Parmesanschmand und Trüffelmayonnaise – auch Menüs: Zweierlei vom Seesaibling mit Gurken-Pinienkern-Couscous; Filet vom Steinköhler im Bouillabaissefond mit Artischocken und Rouille-Tortellini; Zitroneneis-Parfait mit Weinbergpfirsichen.

Dem Hungrigen vertreibt das Kreuzworträtsel zu Weinreben-Synonymen am Tisch die Zeit: Pinot Grigio mit 13 Buchstaben? Beim Nachdenken könnte ein Fläschchen von Nutzen sein. Wie wär's denn mit dem 2015er Achkarren Schlossberg GG vom badischen Weingut Dr. Heger? Grauburgunder? Ach ja, das passt.

**Adresse** Schützenstraße 11, 80335 München, Tel. 089/551377140 | ÖPNV alle S-Bahnen, U1, U2, U4, U5, U7, Haltestelle Hauptbahnhof | www.excelsior-hotel.de/vinothek

# 42 Goldmarie
*Slow Food im Schlachthofviertel*

Sie wisse nicht mehr, wie es zur Namensfindung gekommen sei, zuckt Julia Schneider lachend die Schultern. »Aber inzwischen sagen wir immer, dass wir drei so fleißig sind wie die Goldmarie und natürlich hoffen, irgendwann einmal mit Gold überschüttet zu werden.« Die Küchenchefin gehört mit Petra Mirwald und Karin Stüwe zum Wirtinnen-Trio des Wirtshauses. Die Vereinigung Slow Food empfiehlt ihre »bayerische Küche mit südlichem Einschlag«, Saisonalität und Regionalität bestimmen das kulinarische Programm, seit Kurzem gibt es ein veganes Menü.

»Wir sind im Schlachthofviertel – wir brauchen Schweinebraten auf der Karte, es ist eine bodenständige Gegend«, schlägt Schneider den Bogen. Das Schweinefleisch kommt von einem niederbayerischen Bio-Metzger, der auch am Wochenmarkt am Mariahilfplatz verkauft. Der Saft aus dem Fleisch wird im Rohr aufgefangen und fließt zurück in die Dunkelbiersoße, eine dicke Schicht Semmelbrösel bedeckt den Kartoffelknödel, dazu gibt es einen mit Kümmel gewürzten Salat aus jungem Weißkraut, der täglich frisch zubereitet wird. »Dadurch ist er nicht lange im eigenen Saft und behält seine Knackigkeit.« Palatschinken und Schweinebraten sind immer auf der Karte, wie auch die Kasnocken, deren Nockenteig aus genauso viel Käse wie Knödelbrot besteht und die, mit Ringelblüten und frischem Schnittlauch bestreut, in gebräunter Nussbutter serviert werden.

Der Wirtsraum ist licht, eine lackglänzende Bank zieht sich die Wand entlang. Er wirkt ein wenig wie ein Klassenzimmer aus vergangenen Zeiten. Mitunter wird in der Stube getanzt, zur Musik der Band Sasebo etwa, bei der auch der Mann einer der Wirtinnen mitspielt. Die Berliner »taz« umschrieb den Stil als »Blues mit japanischem Folk und bayerischem Grant«. Bleibt nur die Frage, wie es den Künstlern gelingen soll, Letzteren in der Goldmarie beizubehalten. Denn – zum Granteln gibt's do scho amoi glei goa nix.

Adresse Schmellerstraße 23, 80337 München, Tel. 089/51669272 | ÖPNV U 3, U 6, Haltestelle Poccistraße | www.goldmarie-muenchen.de

# 43 Görreshof
*Schnitzel für Stoiker*

»Stoisch, bayerisch hat der Augustiner Görreshof bereits zwei Jahrhundertwenden erlebt – Kriege, Krisen und selbst die Schickeria überdauert«, ist auf der Speisekarte zu lesen. Und vermutlich sah das 1893 in der Maxvorstadt gegründete Wirtshaus während all der Jahre noch nie so gut aus wie heute, unter dem Betreiberpaar Katharina und Frank Zörner. Die Wirtin arbeitete zuvor in der Filmausstattung, ihr Händchen fürs Setting lässt sich an den gemütlichen Governance ablesen. Selbst die Farbwahl der Wände ist dem Gilb längst verzogenen Zigarettendunsts nachempfunden: »Wir trauern nicht dem Qualm hinterher, wollen aber an die Atmosphäre vergangener Jahrzehnte erinnern«, erklärt die Pächterin. Für die richtige Beleuchtung durchforstete Zörner Nachschlagewerke zur Wirtshauskultur und entwarf gemeinsam mit einem Kunstschmied der Brauerei Hängeleuchten nach historischem Vorbild. Auch eine kleine Bibliothek hat sie eingerichtet, mit Ohrensesseln und einem Zweiertisch für besonders romantische Stunden.

Für ihre Zutaten arbeiten die zwei mit der städtischen Initiative »Zu Tisch besser iss das« zusammen, einem Gastronomieprojekt für artgerechte Tierhaltung und mehr bio-regionale Produkte. Topseller sei das Bergschnitzel vom Schweinerücken, eine Eigenkreation des Betreiberpaars: Zum kross angebratenen Schnitzel in einer Panade aus Brezn, Bergkäse und Röstzwiebeln werden Bratkartoffeln und Salat serviert. Dienstags und donnerstags fließt als besonderes Schmankerl das Augustinerbier aus 30-Liter-Holzfässern. »Mit cremigem Schaum, die Kohlensäure ist feiner, das ist was für Genießer«, schwärmt Katharina Zörner. Dann tönen zwei Schläge und ein »O'zapft is!« durch den Gastraum. »Beim ersten sollte der Hahn sitzen, der zweite ist nur zur Sicherheit«.

Mit so einem gscheitn Bier im Krug lässt sich der eingangs erwähnte bayerische Stoizismus sehr viel einfacher praktizieren als ohne. Sollen die nächsten Jahrhundertwenden nur kommen. Oder auch die Schickeria.

**Adresse** Görresstraße 38, 80798 München, Tel. 089/20209550 | **ÖPNV** Bus 153, Haltestelle Görresstraße | www.goerreshof.de

# 44 Green Beetle
*Karotten, Koshihikari – und komplexe Kochvorgänge*

Knapp 200 Meter ist das vegetarisch-vegane Restaurant Green Beetle vom Stammhaus des Familienunternehmens Feinkost Käfer entfernt. Und auch das Menü im »grünen Käfer« zeigt auf, dass Edelgastronomie und Nachhaltigkeit mitunter nur kurze Wege trennen. Der ökologische Ansatz beschränkt sich hier nicht auf die Kulinarik: So trägt die Küchenbrigade aus Meeresmüll recycelte Kleidung zu Schuhen aus Traubentrester als Lederersatz, das Parkett im Restaurant diente zuvor als Turnhallenboden, Fliesen wurden aus alten Scherben neu gebrannt.

Die Korken der Weinflaschen werden gesammelt und von einem Rosenheimer Schuhersteller zu nachhaltigen Schuhsohlen verarbeitet. Gekocht wird, klar, Gemüse. Und zwar auf aufsehenerregende Art. An den vegan-vegetarischen Tellern wird gefeilt, bis sich Geschmacksrichtungen und Konsistenzen zum Gesamtkunstwerk verbinden.

Die Kartoffel-Terrine etwa wird auf Zwiebeljus mit sautiertem Blattspinat serviert. Haselnusscreme und geröstete Haselnüsse aus dem Piemont geben Süße, der in Trüffeljus marinierte Radicchio kontrastiert mit Bitterkeit. Bei der »Spätsommer-Möhre« wiederum treffen junge, in Karottensud pochierte Karotten auf Koshihikari-Reis und reduzierten Karottenjus mit Kaffernlimette und Ingwer, abgelöscht mit Noilly Prat. Eine Emulsion aus Kapern und Rumrosinen bepunktet den Teller, Pumpernickelerde setzt das Wurzelgemüse ins rechte Licht und angemessene Terrain. Allein für diesen Gang bedürfe es rund drei Stunden an Vorbereitung, erfährt man aus der Küche, die inzwischen mit dem grünen Michelin-Stern ausgezeichnet wurde, den der Gastronomieführer für besonders nachhaltige und regional orientierte Gasthäuser vergibt. Zeitgemäßer Luxus braucht eben keine Krustentiere und kein Kobe-Rind. Der funktioniert grandios mit Karotten, Koshihikari und komplexen Kochvorgängen.

**Adresse** Schumannstraße 9, 81675 München, Tel. 0176/14168023 | **ÖPNV** U 4, Haltestelle Prinzregentenplatz | www.feinkost-kaefer.de/greenbeetle

# 45 Gürmet Wein & Meze am Markt

*Narince im Glas und Glück im Kaffeesatz*

Wie gemütlich es sein kann, in einem Stand am Viktualienmarkt: Seit Anfang 2023 sind Sarah Lange und Mete Gür stolze Pächter hier, »an einem der Foodspots in Deutschland«, freut sich Sommelier Gür, der neben den vegetarischen türkischen Meze aus Bio-Zutaten auch deutschen und – vor allem! – türkischen Wein positionieren will. Als Imbissstand dürfen sie letzteren normalerweise nur flaschenweise verkaufen, doch zu besonderen Festwochen am Markt (dem Winterzauber etwa) ist diese Vorschrift aufgehoben, und dann werden im Gürmet gerne Gläser geschwenkt, vielleicht mit dem zitrusfruchtnotigen kappadokischen Weißwein Côte d'Avanos aus der autochthonen Rebsorte Narince darin.

Gür berät an den Stehtischen zu Weinen und Gerichten. Lange steht in der offenen Küche und richtet vielleicht gerade Bulgur-Risotto an, dessen sattorangene Farbe entsteht, da sie ihn im Saft eines ausgepressten Hokkaido-Kürbis köcheln lässt. Anschließend drapiert sie im Ofen gerösteten Spitzkohl dazu, mit Sumach gewürzt, Ysop gibt geräucherte Schärfe, ein wenig Zimt rundet ab. Sie stapelt Gözleme-Fladen, gefüllt mit Schwarzkohl, Walnüssen, Ziegenkäse und Datteln. Oder püriert Kürbis-Hummus mit Kichererbsen, Tahina, Zitronenabrieb und Pul Biber aus dem südostanatolischen Besni: »Das sind handgepflückte und sonnengetrocknete Chilis«, erklärt sie. Die Sesamkringel zum Hummus backt Münchens Kultbäcker Julius Brantner ausschließlich für Gürmet.

Um das Mahl türkisch ausklingen zu lassen, serviert Mete Gür Mokka, frisch aufgebrüht in handgeschlagenen Kupferkännchen von Istanbuls Großem Basar. »Inzwischen bietet Mete auch Kaffeesatzlesen an«, lacht Lange. Ach, bitte, bei uns auch! Einen Hasen sieht der junge Gastronom im körnigen Schwarz. Besser könnte ein Viktualienmarkt-Besuch nun wirklich nicht enden, denn: »Der verheißt Glück.«

Adresse Viktualienmarkt, Laden 9, Abt.6 (Ecke Westenriederstraße), 80331 München, Tel. 089/93094877 | ÖPNV alle S-Bahnen, Haltestelle Marienplatz oder Isartor | www.guermet.de

# 46 Heldenspeisen
*Da haben wir den Salat*

Von »*too many choices*« sangen die Pet Shop Boys im Song »West End Girls«. Und die gibt es auch im Feinkostladen Heldenspeisen im – ha! – Westend, den die Schwestern Barbara Held und Veronika Wulff nach ihrem Mädchennamen benannten. Bei bis zu zwölf täglich frisch zubereiteten Salaten kann man sich auch hier kaum entscheiden – die wechselnde Mittagskarte und die selbst gebackenen Kuchen nicht einmal eingerechnet.

Barbara Held ist beim Schwesternprojekt für die Salate verantwortlich, die Kreativität der ausgebildeten Bildhauerin schlägt sich in ausgefallenen Kreationen nieder: Berglinsen mit karamellisierten Äpfeln warten in der Glasvitrine, aber auch Fenchelsalat mit Orangen, Datteln und Mandelsplittern, Glasnudelsalat mit Erdnüssen, Karotten und Zitronengras-Sesam-Fischsoßen-Dressing, ein Frühlingssalat mit Äpfeln, Walnüssen und in den Bergen eigens dafür gepflückten Buchenblättern oder auch mal ein klassischer bayerischer Breznsalat.

Veronika Wulff ist fürs Gebäck zuständig, darunter fallen die Quiches, die wie die meisten Gerichte des Tageslokals aus regionalen Produkten zubereitet werden. Und Süßes, etwa der saftige Brasilianische Kokoszucker-Kuchen, dessen Biskuitteig nach dem Backen über Nacht mit Kokosmilch getränkt wird.

Am Anfang hätten sie gebibbert, nickt Barbara Held: »Wer interessiert sich wohl für Salate und Gebäck?« Heute eilen Mütter und Mittagspausler der umliegenden Büros in ihr Lokal mit den marokkanischen Fliesen, den Holzmöbeln und der Klingel auf der Glasvitrine, mit der man bimmelt, wenn die Schwestern im Hinterraum an den Salaten schnippeln. Und manch einer versucht's vielleicht in lokal erprobter Stenz-Manier: »Ich wollte Sie ja gar nicht ansprechen, Fräulein. Ich wollte Sie ja nur fragen, ob wir vielleicht eine Tasse Kaffee zusammen trinken wollen.« Jawohl, Helmut Dietl ließ seinen Helden (!) in der nahen Kazmairstraße aufwachsen. Monaco Franze war ein Westend-Boy.

**Adresse** Heimeranstraße 49, 80339 München, Tel. 089/17929940 | **ÖPNV** S 7, S 20, U 4, U 5, Haltestelle Heimeranplatz | www.heldenspeisen.de

# 47  Henry hat Hunger
*Vegetarisches in Valentins Viertel*

Eigentlich heißt Henry gar nicht Henry, sondern Enrique. Der Argentinier führte noch vor ein paar Jahren ein Wohnzimmer-Café in der Au. »Ich war da mal Kaffee trinken«, erinnert sich Sandra Mayr, »er brauchte jemanden, weil er in den Urlaub wollte.« Mayr übernahm spontan, und zwar so gekonnt, dass Henry ihr das Café bald ganz übergab. »Ein bisschen betagt« sei er eben schon gewesen, nickt die Bayerin, die eigentlich Modedesign in New York studiert hatte. Dass sie in einem Café gut aufgehoben war, stellte sich schnell heraus. Und zwar so gut, dass Mayr inzwischen von dem 15-Quadratmeter-Zimmerchen in angrenzende Räumlichkeiten zog und ihre Quadratmeterzahl verfünffachte.

Mit Terrazzofliesen, korbgeflochtenen Stühlen an zierlichen Tischen und Makramee-Kunst an den Wänden ist ihr Lokal ein richtiger Vierteltreffpunkt geworden. »Die Au ist ja eigentlich kein hippes Viertel«, meint die Gastronomin, »dabei ist unsere Lage nur einen Steinwurf vom Gärtnerplatz entfernt, man muss sich lediglich über die Isar wagen.« Wer das tut, wird beim Mittagstisch mit zweierlei täglich wechselnden Gerichten belohnt: einer wunderbar cremigen Linsenlasagne etwa, das Hackfleisch durch Linsen ersetzt, mit einem Klecks Crème fraîche und frischen Lauchzwiebeln bedeckt. Mayr backt auch täglich frisch, Bananenbrot und Rote-Bete-Schoko-Kuchen sind ihre Spezialität.

»Karl Valentin begegnet mir im Alltag ganz selten«, sagt die Café-Besitzerin, dabei ist das Geburtshaus des melancholischen Komikers nur wenige Häuser entfernt. Er sei sprachlos gewesen, als er das Licht der Welt und sodann die Hebamme erblickte, rekapitulierte der Volkssänger einmal seine Geburt in der Zeppelinstraße im Juni 1882: »Ich hatte diese Frau ja noch nie in meinem Leben gesehen.« Wie gut, dass Enrique hingegen nicht die Worte fehlten, als er Sandra Mayr begegnete. Und sie gleich als die Frau erkannte, der man sein Café ruhigen Herzens überlassen konnte. Ach was, sollte!

**Adresse** Zeppelinstraße 27, 81541 München, Tel. 0151/23004167 | **ÖPNV** Tram 18, Haltestelle Mariahilfplatz | www.henryhathunger.de

# 48 Hofbräuhaus-Kunstmühle
*Münchens letzter Müller*

Zwischen Bäckerei und Mehlladen einer schmalen Altstadtstraße liegt, hinter einer großen Eisentür versteckt, der Zugang zur letzten produzierenden Getreidemühle Münchens. Im 19. Jahrhundert gehörte die »Königliche Malzmühle« zum Hofbräuhaus, an das sie rückwändig grenzt. 1921 erwarb Jakob Blum den fünfgeschossigen Betrieb, der sich nun seit vier Generationen in Familienbesitz befindet. Inzwischen bewahrt Urenkel Stefan Blum das lebendige Stück Stadtgeschichte. Der produziert hier nicht nur bis zu 30 Tonnen Mehl am Tag, sondern verarbeitet einen Teil davon auch gleich in der hausbeziehungsweise mühleneigenen Bäckerei »E. Knapp & R. Wenig«.

Eine schmale mehlbestäubte Holztreppe führt die Stockwerke hinauf, vorbei an rüttelnden, mahlenden und siebenden Maschinen. Mehlsäcke gelangen über eine spiralförmige Rutsche nach unten, als Bub tat Stefan Blum es ihnen gleich. Im Laden gibt es rund 25 Mehle aus eigener Herstellung, das Pizzamehl Typ 00 etwa, aus Weichweizen für einen besonders dehnbaren und doch stabilen Teig, ist in einigen Pizzerien Münchens sehr beliebt. Natürlich kommen die Mehle aber auch in der eigenen Bäckerei zum Einsatz – und zwar für fast vergessene altmünchnerische Spezialitäten, die täglich frisch von Hand und ohne Zusätze zubereitet werden.

Die Pfennigmuckerln, im Fünferpack stangenförmig aneinandergebacken, aus Weizenmehl (Typ 550) und Roggenmehl (Typ 1370) haben es sogar in die »Arche des Geschmacks« geschafft, ein Projekt der Slow-Food-Stiftung, die weltweit regional bedeutsame Lebensmittel vor dem Verschwinden schützt. Köstlich auch das gefüllte Powidltaschgerl (Weizenmehl Typ 550) aus einer Mürb-Hefeteig-Mischung, für den zarten Glanz mit Eigelb bestrichen. Manch ein Münchner oder München-Tourist hat wohl bereits – ohne es zu ahnen – vom Erzeugnis des letzten Müllers der Stadt gekostet, liefert die Kunstmühle doch auch das Mehl für ein besonders ikonisches Stück Backgut der Stadt: die Wiesnbrezn.

**Adresse** Neuturmstraße 3, 80331 München, Tel. 089/294222 | **ÖPNV** alle S-Bahnen, U 3, U 6, Haltestelle Marienplatz | www.hofbraeuhaus-kunstmuehle.de | **Tipp** Jeden Freitag (oder nach Voranmeldung) findet eine Mühlenführung bei laufendem Betrieb statt.

# 49_Hofbräukeller
*Brezn und Buns*

In München steht ein Hofbräuhaus. Nicht nur dank des Stimmungslieds von 1935 – komponiert ausgerechnet von einem Berliner! – gilt es als das berühmteste Wirtshaus der Welt. In München steht aber auch ein Hofbräukeller, der ebenfalls zur Brauerei gehört. In dessen idyllischem, von alten Kastanienbäumen beschattetem Biergarten hinter dem großen Gasthaus am Wiener Platz wird gleichsam Maß um Maß des Hofbräu-Originals ausgeschenkt. Man kann aber auch Cocktails bestellen – und zwar unter den Arkaden der einstigen Brauereipferde-Stallungen. Fast ein Jahrhundert lang, bis 1988, befand sich die Produktion des Hofbräu-Biers nämlich hier in Haidhausen.

Silja Schrank-Steinberg ist die Chefin des Hofbräukellers. Mitte der 1990er Jahre pachteten ihre Eltern das Wirtshaus, bereits seit 1979 betreibt die Familie zu Oktoberfestzeiten das Hofbräuzelt: 7.000 Plätze innen, 3.000 außen gilt es dann zu bespielen, auch die Bayerische Staatsregierung hat dort ihre Tische. Als Horst Seehofer bayerischer Ministerpräsident war, entwarf er fürs Hofbräuzelt sogar einen Wiesnkrug, der heute wiederum die Bierstube des Hofbräukellers ziert. In der präsidialen Paradiesversion pfeifen Adam und Eva auf den Apfel – und halten dafür eine Brezn in ihren Händen. »Und sie erkannten, dass sie Bayern waren«, könnte manch ein Exeget hier lesen.

Neben Brezn, Leberknödelsuppe oder knuspriger Schweinshaxe in Dunkelbiersoße gibt's im Hofbräukeller sogar Vegan-Bayerisches, nämlich die Erbsenprotein-Kreationen des Münchner Start-ups Greenforce. Deren gschmackige Fleischersatz-Patties werden mit Essiggurke, glasierten Zwiebeln, Tomatenscheiben und Avocadodip in Weißmehl-Buns serviert. Selbst im Hofbräuzelt werde es künftig derlei vegane Schmankerl geben, kündigt Schrank-Steinberg an. Was sich nahtlos einfügt in die Konsumgeschichte des weltweit größten Volksfests: Wasser, Hopfen, Gerstenmalz und Hefe – das Urprodukt der Wiesn ist immer schon vegan gewesen.

**Adresse** Innere Wiener Straße 19, 81667 München, Tel. 089/4599250 | **ÖPNV** U 4, U 5, Haltestelle Max-Weber-Platz | www.hofbraeukeller.de

## 50 Hotel Vier Jahreszeiten Kempinski
*Sein Name ist Baker, Ian Baker*

Wo wohl in München könnte sich das Fünf-Sterne-Haus der ältesten Luxushotelgruppe Europas befinden? Richtig, an der Maximilianstraße. Schließlich ist der Prachtboulevard bis heute das teuerste Pflaster der bayrischen Hauptstadt. Und bis heute steigen im 1856 eröffneten Hotel Prominente ab. Kaiserin Sisi von Österreich war da, der 14. Dalai Lama, Elton John. In seinen Mauern beherbergt es das Sternerestaurant Schwarzreiter. Und einen prämierten britischen Pâtissier. Der heißt übrigens Baker, Ian Baker. Backen ist beim gebürtigen Londoner also wirklich Programm, gerne Scones. Die werden im Hotel nämlich zum Afternoon Tea serviert.

Und zwar im denkmalgeschützten Nymphenburg-Zimmer, gestaltet von der Königlichen Porzellanmanufaktur Nymphenburg: Handbemalten Fliesen aus den 1950er Jahren, in den Nischen posieren kostbare Figuren der *Commedia dell'Arte Couture Edition*: Eine Reminiszenz an die Maximilianstraße mit ihren Boutiquen, wurden die Rokoko-Statuetten doch neu »bekleidet« von Modegrößen wie Vivienne Westwood oder Christian Lacroix. Nicht minder feudal präsentiert sich der Kronleuchter, eine Dauerleihgabe der Wittelsbacher an das Hotel.

Die Tea Time beginnt ganz britisch mit Mini-Sandwiches und Häppchen, den darauffolgenden Gang bestimmen Scones mit Clotted Cream und Marmelade. Im eigelbsatt-glänzenden Gebäck spiegelt sich das Licht des Chandeliers, und fast hätte man, ihren warmen Duft in der Nase, vergessen, dass Petits Fours das Menü komplettieren. Tea Master Roberto Campanelli empfiehlt aus 30 verschiedenen Tee-Sorten, hat aber sehr wohl einen Lieblingstee: Die hauseigene Kräuterteemischung mit Stückchen von gebrannten Mandeln erinnere sowohl ans Oktoberfest als auch an Weihnachten, schmunzelt der Italiener: »Für einen Wahl-Münchner wie mich ist das die feierlichste Kombination, die ich mir vorstellen kann.«

**Adresse** Maximilianstraße 17, 80539 München, Tel. 089/21250 | **ÖPNV** alle S-Bahnen, U3, U6, Haltestelle Marienplatz | www.kempinski.com

# 51   Il Piccolo Principe
*Antoine de Saint-Exupéry und Antipasti*

Dass Francesca Gaudino ihr Lokal »Il Piccolo Principe«, also »Der kleine Prinz« nannte, hat nicht nur mit der Erzählung von Saint-Exupéry zu tun. Es lag auch daran, dass vor der Eröffnung ihres Bistros mit der großen Antipasti-Theke, den Stehtischen sowie einer kleinen Treppe, die zum gemütlich mit drei weiteren Tischen, Krimskrams und Weinkisten vollgestellten Hinterzimmer führt, ihr Sohn Federico geboren wurde. »Mein kleiner Prinz«, erinnert sie sich.

Seit 1992 gibt es das Bistro. Seither werden wochentags mindestens 22 verschiedene Antipasti-Varianten vorbereitet, eingelegte Artischocken, gegrilltes Gemüse, Oliven, Pulpo-Salat – bei großen Vorbestellungen gebe es auch mal doppelt so viele Vorspeisen, so die Unternehmerin. Es ist ein Familienbetrieb, den sie mit Ehemann Toni führt – und mit Sohn Federico, der inzwischen über 30 ist. In der Küche arbeiten Chefkoch und Pizzabäcker an Vitello tonnato, Fisch oder Paccheri mit Salsiccia Toscana. Die Ravioli, die Cappellacci, die Kartoffelgnocchi – es ist immer alles hausgemacht.

München ist die Stadt Deutschlands, in der die meisten Menschen mit italienischen Wurzeln leben, um die 28.000. Am Selbstbild der Bayernkapitale als »nördlichste Stadt Italiens« wirken zusätzlich rund 600 italienische Lokale mit, darunter auch das älteste italienische Restaurant Deutschlands überhaupt, die 1890 gegründete Osteria. Oder das seit Jahrzehnten besternte Acquarello, dessen Besitzer Mario Gamba vom italienischen »Gambero Rosso« 2021 zum Koch des Jahres gewählt wurde.

Ursprünglich kommt Francesca Gaudino aus den Abruzzen, wo sie noch immer einen Olivenhain besitzt. Jedes Jahr im Spätherbst fährt sie hin, um zu ernten. Mit dem Olivenöl wird im Lokal gekocht, viele Gäste nehmen es flaschenweise mit nach Hause. Mit Stammgästen sei es ein bisschen wie in der Geschichte vom Fuchs und dem kleinen Prinzen, resümiert sie: »Gäste brauchen Vertrauen, wir haben sie quasi gezähmt.«

**Adresse** Kapuzinerstraße 48, 80469 München, Tel. 089/7213450 | **ÖPNV** Bus 58, 68, 132, Haltestelle Baldeplatz | www.facebook.com/ilpiccoloprincipemuenchen

# 52 Isar Alm
*Weiß–blaues Rauschen*

Ein schmaler Kiesweg führt durch die Kleingartenanlage Süd-West 54, hinter Maschendraht explodieren die Farben. Dahlien, rotbackige Äpfel, Hortensien, Astern, dicht an dicht hängende Chilis und in die Höhe geschossene Salatköpfe künden vom Spätsommer. Sie weisen zudem den Weg zu einem Miniatur-Biergarten im schönsten Idyll Untergiesings. Zu den mit Schaffellen bedeckten Biergarnituren der Isar Alm gelangt man hier, samt Berghütte und Maibaum. Dahinter führt der Weg weiter an die Isarauen, und so schön es an deren Gestade auch ist: Wer in dem 150-Plätze-Biergarten nicht Rast macht, ist selbst schuld.

2014 hat Christian Bade hierhergefunden, über ein Inserat beim Anzeigenportal Kurz&Fündig: »Biergarten in Kleingartenverein zu verpachten«, habe da gestanden, erinnert sich der gebürtige Münchner. Er habe gleich gewusst, dass er hier einen ganz besonderen Ort erschaffen wollte. Und so gibt es in seiner biozertifizierten Isar Alm ausschließlich Fleisch aus ökologischer Aufzucht. Ob beim Holzfällersteak vom Schwein, der frischen Salsiccia mit Couscous oder den Wienerle. Selbst das Eis in der Truhe ist in Demeter-Qualität. Und für die selbst gebackenen Kuchen hole er sich einfach ein paar Johannisbeeren aus einem der angrenzenden Kleingärten. »Der Besitzer bekommt dafür etwas vom fertigen Kuchen zurück.«

»Wir sind eigentlich eher ein Bier- und Weingarten«, präzisiert der Wirt. Auch bei den empfohlenen Tropfen begrenzt er sich selbstredend auf Produkte des umweltschonenden Weinbaus. Etwa beim trockenen Riesling »Weißes Rauschen«, den die Toten Hosen gemeinsam mit dem rheinland-pfälzischen Weingut Tesch herausbringen. Es gibt einen gleichnamigen Song, weiß Bade, einige Zeilen daraus sind auf das Etikett der Flasche geklebt: »Es ist so ein langer Weg. Zurück zu dir, zurück zu mir, zurück zu uns«, steht da. Ist es dann aber gar nicht. Man muss nur einen schmalen Untergiesinger Kiesweg entlang. Und schon ist man da.

**Adresse** Nithartstraße 8, 81541 München, Tel. 089/6518154 | **ÖPNV** Bus 52, Haltestelle Tierpark Alemannenstraße | www.isaralm.de

# 53\_IUNU
*Die Teller Kunterbunt*

»Mach mir hier bitte kein pinkes Zeug hin, Schatzi«, winkt eine Küchenhilfe ihren jungen Kollegen beiseite. »Ich brauch hier jetzt Platz.« Das pinke Zeug ist Rote-Bete-Ziegenkäse-Aufstrich, eine von sehr vielen, sehr farbenfrohen Komponenten – Currys, Pasten, Salate, Ofengerichte und Gemüsevariationen –, aus denen sich im vegetarischen Tagescafé das Mittagsgericht, der sogenannte IUNU-Teller, komponiert.

Chefin ist Asha Tülin Calik, die an der Theke steht und jedem die Tageszusammenstellung erklärt. Hinter ihr, in der offenen Küche, beladen ihre zwei Mitarbeiter Teller mit unterschiedlichsten Köstlichkeiten. Und so muss der Gast auch nicht groß Entscheidungen treffen. Es gibt den IUNU-Teller – in Klein oder Groß, mit Extras wie Reis oder Salat, vegan oder auch glutenfrei.

Es ist auffällig, wie gut alle gelaunt sind und miteinander kommunizieren: die Mitarbeiter, die Gäste und die Betreiberin, Köchin Calik, deren Lachen bis hinaus auf den Bordeauxplatz schallt. Da passt es, dass sie ihr Café IUNU genannt hat. »Stadt der Sonne« bedeute das, erklärt die gebürtige Münchnerin – nach altägyptischer Vorstellung entstand im unterägyptischen IUNU sogar die Welt. Im IUNU in Haidhausen stehen an allen Tischen frische Blumen, eine Etagere quillt über vor Tomaten in tiefen Rottönen. Kunterbunt, wild kombiniert und immer glücks- und füllhornverheißend sind auch die Teller der Halbtürkin, die das Café abends für Kochkurse öffnet. Radicchio-Erdbeer-Salat mit Koriander und Zuckerschoten trifft auf Rotkohl-Cashew-Paste oder Grünkohl-Curry, auf Auberginen-Börek, Fenchel-Ananas-Gurken-Salat, Kürbispaste mit Banane und Ingwer oder Süßkartoffeln mit Knoblauch aus dem Ofen. »Heute ist es so lecker, Scheiße«, ruft die Küchenhilfe verzückt, »ich könnte die ganze Zeit essen!« In der Schlange vor der Theke werden Befürchtungen laut: »Wir wollen auch noch was!« Keine Angst, im IUNU bekommt jeder seinen Platz an der Sonne. Und seinen Teller.

**Adresse** Wörthstraße 30, 81667 München, Tel. 089/54809498 | **ÖPNV** alle S-Bahnen, U5, Haltestelle Ostbahnhof | www.iunu-kochwerkstatt.de

## heute auf unserem IUNU TELLER

- Lauch Brokkoli Curry
- Süßkartoffel aus dem Ofen
- Kartoffel Wings • Börek
- Radicchio Erdbeer Salat mit Koriander + Zuckerschoten
- Rotebeete Salat mit Walnüssen und Honigdressing
- Chicorée Parmesan Gemüse
- Erdnuss Feigen Paste
- Kräuter Frisch Käse mit Erdnuss + Rosinen
- Rotebeete Ziegenkäse Aufstrich
- Reis
- Salat

**TELLER:**
KLEIN 10,50
GROSS 12,50

**EXTRAS**
REIS 1,50
SALAT 2,50
GEMÜSE 3,50

Guten Appetit ♥

# 54 Izakaya
*Sake im Separee*

Der Begriff Izakaya bezeichnet im Japanischen eine Kneipe, in der Freunde zusammensitzen. Und natürlich ist diese Benennung für die glamouröse Kreuzung aus Bar, Essbereich und Separee-Club im Erdgeschoss des Luxus-Designhotels Roomers eine glatte Untertreibung. Aber im Izakaya im Westend lässt sich eben auch hervorragend gemeinsam Sake trinken. Und Gerichte teilen, die in fliegendem Wechsel an- und abgetragen werden, sodass am Tisch immer etwas Neues passiert.

Japanische Küche trifft hier auf südamerikanische Aromen. Neun Köche eilen hinter dem Holzlamellen-Guckloch der offenen Küche hin und her, nur ihr Arbeitsplatz erstrahlt hell, ringsum bleibt das Licht schummrig. Über das dunkle Ledermobiliar des Restaurants wirft ein überdimensionierter, an der Decke schwebender Holz-Koi sein warmes Gelb.

Kaum steigt die feine Perlage des flaschengegärten Sparkling Sake in die Nase, passiert am Tisch tatsächlich eine Menge: In der Pfanne geschwenkte Jakobsmuscheln mit Trüffelschaumhaube ruhen auf Shiitakepilzen in ihrem angestammten Schalenbett. Eine von Chilisoße sacht umspülte Seezunge reckt das frittierte essbare Grätenende in steil aufragendem Bogen vom Teller empor. Batzen aus in Tempurateig frittierten Maiskörnern werden in Yuzu-Chili-Mayonnaise gedippt. Als nächstes erreicht das Frühlingshähnchen mit Trüffel-Teriyaki – fast noch zischend, so direkt vom Robata-Grill – den Tisch. Fürs darauffolgende Gericht sind allein schon die Präsentationsvorbereitungen spektakulär: Das Eis eines mit Wasser gefüllten und tiefgefrorenen Luftballons wird mit Hilfe eines vom Bunsenbrenner stetig erhitzten Löffels ausgehöhlt – und mittig hinein ins so entstandene Iglu ein Schälchen Thunfisch-Tatar samt Wasabi-Soja-Dressing gesetzt.

Mit den Worten »ein Fahrradhelm für den Sommer« stellt die Servicekraft das Kunstwerk an den Tisch. So einfach lässt sich ein kühler Kopf bewahren? Ja dann: Mehr Sake!

Adresse Landsberger Straße 68, 80339 München, Tel. 089/122232000 | ÖPNV Tram 18, 19, Haltestelle Schrenkstraße | www.izakaya-restaurant.com

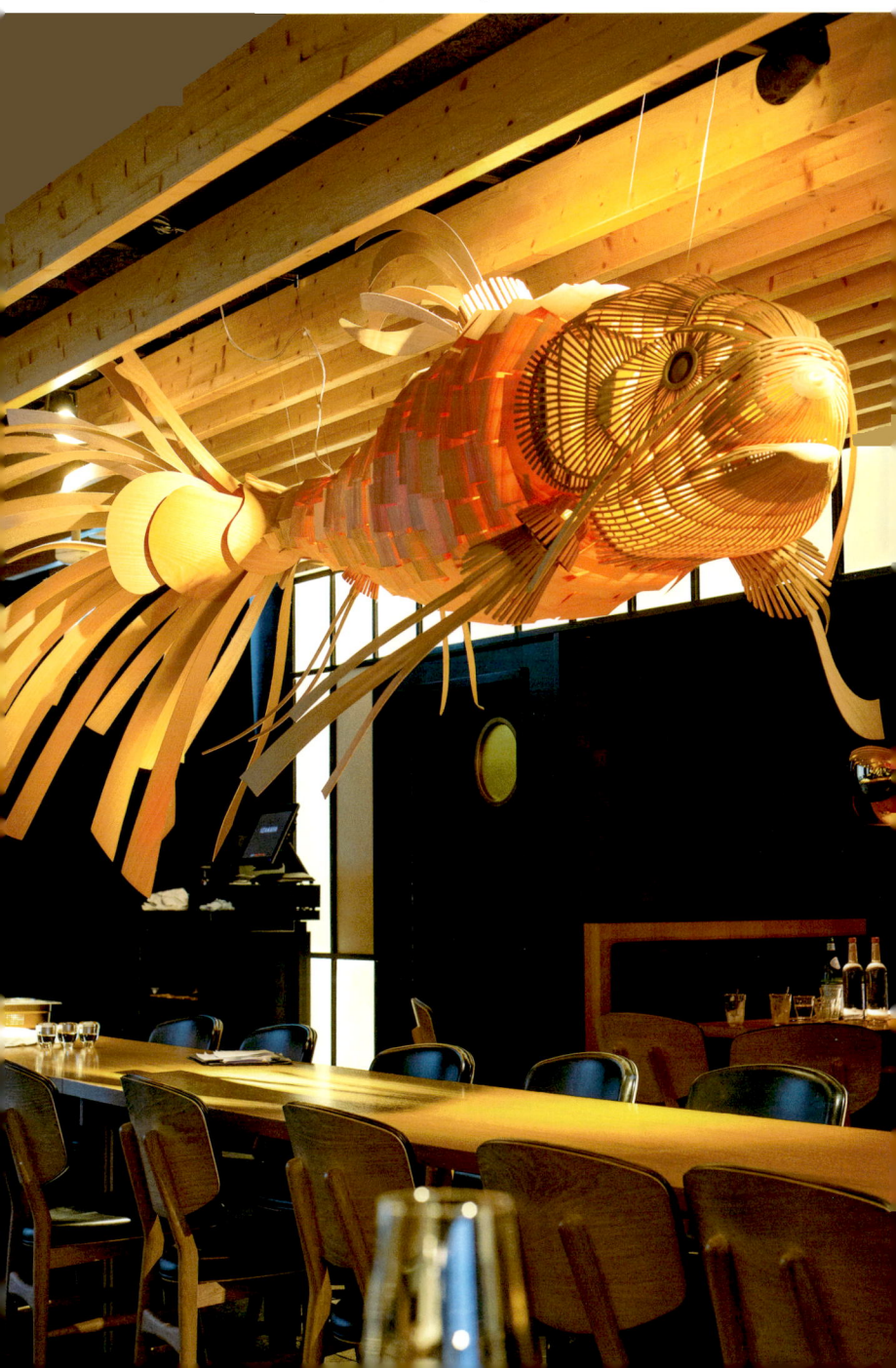

# 55 Julius Brantner
*Star des Sauerteigs*

»Wenn Mehl und Wasser Zeit haben, sich kennenzulernen, bleiben sie später auch länger zusammen.« Was fast nach einem Beziehungstipp klingt, ist das Rezeptfundament von Julius Brantner. Die Natur lasse sich nicht austricksen, so das Credo des Schwarzwälders aus einer Bäckerfamilie. Und daher brauche es für ihn eben einen Sauerteig, der bis zu 48 Stunden ruht, darin ausschließlich regionale Bio-Rohstoffe – und keinerlei beschleunigende Enzyme.

Mit diesen Vorgaben eröffnete Julius Brantner 2019 als damals Endzwanziger seine Bäckerei in der Maxvorstadt. Eher minimalistischer Showroom denn übliches Angebots-Allerlei, eine verglaste Fassade bietet Einblick in die bio-zertifizierte Backstube. In null Komma nichts geriet Brantner zum Star seines Handwerks. Mit prominenten Fans – Kai Pflaume setzte einen begeisterten Post auf Instagram – sowie einer Sammlung von Gourmet-Restaurants, die sich auf ihrer Karte mit dem Hinweis »Brot von Julius Brantner« brüsten.

Sein Ziel sei, Brot wieder zum Genussprodukt zu machen, so der Bäckermeister. Man müsse schon etwas in der Hand halten, zählt er die Qualitätsmerkmale auf, zu leicht dürfe es nicht sein. Dafür gern resch gebacken, denn eine dunkle Kruste sei meist auch dicker und bewahre die Feuchtigkeit im Innern. Außerdem stecken rund 80 Prozent des Brotgeschmacks in der Kruste, da Röstaromen erst zwischen 110 und 180 Grad Celsius entstehen, die Krume aber nie heißer wird als 99 Grad Celsius.

Das Sortiment hält Brantner reduziert: Drei verschiedene Brotsorten, etwa das saftige Roggenbrot mit fermentierten Äpfeln, zwei handgeschlagene Semmeln und hin und wieder etwas Süßes, die Öffnungszeiten gelten dementsprechend »bis zum letzten Brot«. In der Warteschlange, die weit hinaus auf den Gehweg reicht, gärt Hoffnung auf den letzten Laib wie guter Sauerteig. Was sich liest wie eine Variation des Brotrezepts: Wenn Kunde und Bäcker Zeit haben, sich kennenzulernen, bleiben sie später auch länger zusammen.

**Adresse** Nordendstraße 23, 80801 München, Tel. 089/215280990 | **ÖPNV** Tram 27, 28, Haltestelle Nordendstraße | www.julius-brantner.de | **Tipp** Es gibt noch eine Altstadt-Filiale in der Kreuzstraße 1, durch deren Schaufenster man beobachten kann, wie schwäbische (das muss man sich in München erst mal trauen!) Bio-Brezel hergestellt werden.

# 56 Kinky Slice
*That's Amore: Pizza, aber New York Style*

Nein, den Big Apple hat Jonas Ruczinski noch gar nicht besucht. Das schadet aber nichts, denn der Mitdreißiger macht die Kundschaft seines Steh-Imbisses dennoch sehr glücklich mit New York Style Pizza. Die könnte man im Ganzen kaufen, was viel ist, bei einem Durchmesser von 45 Zentimetern. Oder eben als Slice, dem Stück auf die Hand, beziehungsweise: den Pappteller.

Knusprig muss das Stück so einer New Yorker Pizza sein – und doch genügend nachgeben, um zum V geklappt werden zu können, gerade so, als würde man anfangen, einen Papierflieger zu basteln. Jonas Ruczinskis Pizzen knistern außen, sind innen aber noch weich. Das Knistern komme vom Öl im Teig, nickt er: »Das verwenden die Neapolitaner schon mal nicht.« Außerdem ist etwas Zucker mit drin, was den Slices ihre goldene Farbe verleiht. Und die Kruste bestreicht der bayerische Pizzaiolo vor dem Backen zusätzlich mit Öl, wodurch sie besonders knusprig und butterig wird. Außerdem bleibe seine Pizza sieben Minuten im Ofen, bei 310 Grad, verweist Ruczinski auf einen weiteren Unterschied: »Bei Neapolitanern sind es ja gerade einmal 60 Sekunden.«

In Berlin habe er die Idee aufgeschnappt, als er just in einer neapolitanischen Pizzeria arbeitete. »Daher dachte ich auch zuerst, die können doch gleich wieder zumachen.« Aber dann lief und gefiel ihm das Konzept so gut, dass er beschloss, es ins Münchner Gärtnerplatzviertel zu importieren. Und jetzt gibt's dort also Pizza-Slices wie *Drunk'n Spicy*: Mit Pesto und, jawohl, Wodka-Sauce zu Mozzarella und Tomatensauce. Vegane Miso-Mushroom mit eingelegten Egerlingen und Frühlingszwiebeln. Oder auch die Trüffel-Ricotta mit frischer Petersilie, zu der er eine Spezialsauce serviert, Hot Honey: »Ich röste Chiliflocken an, lösche mit Apfelessig ab, reduziere das Ganze und gieße zuletzt Honig ein«, erklärt er den Dip, in den man das Ricotta-Trüffel-V tunkt, bis man vor Wonne ein wenig gluckst. New York Style Pizza. In Munich. *That's Amore!*

Adresse Reichenbachstraße 29, 80469 München, Tel. 089/32768273 | ÖPNV U 1, U 2, U 8, Haltestelle Fraunhoferstraße | www.kinkyslice.de

# 57_Komu
*Das Wagnis des Wenigen*

An den ikonischsten Adressen hat Christoph Kunz bereits gekocht. Bei Alain Ducasse etwa, im Jules Verne, oben auf dem Eiffelturm. Noch immer hegt der Südbadener an seine Zeit in Paris besondere Erinnerungen: »Ich liebe meine französische Ausbildung«, klärt der Enddreißiger. Allein schon wegen der Wertschätzung für Handwerk und Produkt: »Bei Ducasse hatten wir sieben verschiedene Fisch-Lieferanten, das war schon Produktfetischismus«, er lacht: »Das bekommt man in seine DNA eingepflanzt und wird es nie wieder los.«

Acht Jahre zelebrierte er dieses Qualitätsverständnis bei Dallmayr, im Gourmetrestaurant Alois – die letzten vier Jahre als Chefkoch verlässlich mit zwei Sternen ausgezeichnet. Und nun, in seinem 2023 eröffneten Restaurant, lässt er sowieso keine anderen Regeln mehr gelten als die eigenen. Durch hohe Schaufenster blickt man von der Straße direkt in die Küchenräume, auf Kunz' exakte Gestik und filigran angerichteten Porzellanteller. Darauf Haute Cuisine, natürlich, mit japanisch-asiatischen Einflüssen.

Die Liebe fürs Produkt bedeutet bei Kunz immer Reduktion: »Komm mal runter«, sagt er lässig, das wolle er mit seinen Gerichten kommunizieren. Dafür arrangiert er jeden Gang immer aus drei Komponenten: »Kalbsfilet, Meerrettich, Buttermilch«, heißt eine Menüfolge, hinter der sich ein zartes, zur Rose gedrehtes, gebeiztes Kalbsfilet auf einem Bett aus Meerrettich-Kartoffelsalat in Buttermilchvinaigrette verbirgt. Sollte er einen Fehler machen, betont Kunz das Wagnis des Wenigen, »bemerkt man es bei nur drei Komponenten schnell.« Auch das Dessert »Birne, Sonnenblumenkerne, Purple Curry« bedient sich hauptsächlich der genannten Zutaten auf dem purpurbestäubten Teller rund um Birne in unterschiedlichen Aggregatzuständen. »Das schöne Rot kommt vom Hibiskus«, erklärt Kunz die florale, hocharomatische Note. Das Wagnis des Wenigen? Makellos umgesetzt. Nur das Runterkommen hat nicht geklappt. Im Gegenteil: Am Tisch herrscht reinste Euphorie.

**Adresse** Hackenstraße 4, 80331 München, Tel. 0173/1560415 | **ÖPNV** alle S-Bahnen, Haltestelle Marienplatz | **Tipp** www.komu-restaurant.de

# 58 La Bohème
*Wagyū in Wahnmoching*

Als Schwabing noch Tummelplatz der Literaten war und Kandinsky genau hier das erste abstrakte Gemälde der Welt malte, verlieh die schreibende Gräfin Franziska zu Reventlow dem Stadtteil den Spitznamen Wahnmoching, was dörflich klingt und doch auch die ausschweifende Selbstüberhebung seiner Künstler-Bewohner mitschwingen lässt. An diese Ära um 1900 knüpft die Namensgebung des Lokals an, von dem der Guide Michelin schreibt: »Schön gesellig und locker ist es hier! Wer hochwertige Steak-Cuts schätzt, ist in dem trendig-urbanen Restaurant genau richtig.«

Und karnivoren Gelüsten rund um *Wagyū* und Co. wird tatsächlich aufs Spektakulärste nachgegeben. Beim Chateaubriand etwa, dem Cut aus dem Mittelstück des Rinderfilets, sous-vide vorbereitet, dann am Tisch flambiert und tranchiert. »Wir wollen den Gästen etwas Extravagantes bieten«, bestätigt Küchenchefin Lilian Schumann. Die gebürtige Filipina mit Ausbildung in der Sterneküche des Dresdner Bülow Palais versteht es, aus ihren Mitarbeitern Höchstleistungen herauszukitzeln: »Dieses Gericht am Platz vorzubereiten ist echter Leistungssport«, nickt sie. Aber es lohne sich: »Das Abflämmen von Fleisch ergibt ein noch stärkeres Röstaroma.« Zunächst mit Whisky übergossen, karamellisiert der Restzucker im Bourbon unter der Flamme, im zweiten Zubereitungsschritt feuert der Bunsenbrenner Rosmarinzweige an, bis eine Kruste entsteht und das Raucharoma am Fleisch haftet. »Im Restaurant riecht dann alles nach Rosmarin und Thymian«, freut sich Schumann. »Es ist eine Gewinner-Kombi aus Geschmack und Effekt.«

In einem Briefroman schrieb die Reventlow einst, die beste Vorsorge fürs Alter sei, »dass man sich jetzt nichts entgehen lässt, was Freude macht, so intensiv wie möglich lebt. Dann wird man dermaleinst die nötige Müdigkeit haben und kein Bedauern, dass die Zeit um ist.« Ein Vorsatz, wie geschaffen für einen Besuch im La Bohème. Etwas »Extravagantes«, hat Lilian Schumann gesagt? Oh ja!

**Adresse** Leopoldstraße 180, 80804 München, Tel. 089/23762323 | **ÖPNV** Tram 23, Haltestelle Parzivalplatz | www.boheme-schwabing.de

# 59 __ Le BerLu
*Der Mann von La Plancha, Ritter der Soßen*

Luis Delgado steht in seiner Küche und schneidet Karotten in winzige Würfel zur Brunoise. Gleich wird er Zimt und Estragon ans Gemüse geben und ihm so Kürbisgeschmack entlocken, was ganz hervorragend zur Entenbrust mit Seeigel-Soße passt. Leider, so der Koch, werde Estragon seit den 90er Jahren kaum mehr genutzt: »Und jetzt kocht sowieso jeder nur mit Koriander«, seufzt er. Delgado ist in Paris geboren, seine Eltern in Spanien. In seinem Lokal trifft klassisch französische Cuisine auf spanische Impulsivität. Das Ergebnis ist immer deliziös. Ob beim Zander in Chorizo-Kräuter-Kruste oder dem rosa gebratenen Thunfisch mit Salat aus Avocado, Wasser- und Honigmelone mit Dressing aus Salz, Zucker, Koriander (auch er!) und verschwindend klein gehacktem Ingwer, Sojasoße und etwas Olivenöl.

»Was ich hier im Restaurant koche, mache ich für mich«, erklärt der Franzose. »So bleibt es authentisch.« Er arbeitet an einer Plancha. »Dafür brauchst du keine Pfannen«, erklärt er begeistert und spritzt aus einer Plastikquetschflasche dünnflüssigen Teig aus Wasser, Salz und Mehl direkt auf die heiße Platte, wodurch hauchdünne, gitternetzartige Brotcrisps entstehen. Dahinter blubbern leise verschiedene Soßen. Ein kräftiger Spritzer vom im Barriquefass gereiften Sherryessig gibt seiner dunkel eingedickten Kalbsbrühe-Malagawein-Soße, die er zum Rochenflügel serviert, den letzten Schliff. Oder auch den vorletzten: »Erst am Schluss die Butter unterrühren«, rät Delgado, »um der Soße Sanftheit zu verleihen und Brillanz.«

Der Gastronom hat in Paris seine Ausbildung gemacht, an der Hotelfachschule Belliard. Das Schul-Kochbuch mit Klassikern wie Fricassée de volaille, Hühnerfrikassee, oder dem Kalbsragout Blanquette de veau liegt auf einem Küchenregal, eingeschlagen in grünes Plastik: »Das hat meine Mutter noch eingebunden«, entsinnt er sich. Geschmack, so heißt es, transportiere Erinnerungen. Und die Rezepte Delgados nur die schönsten davon.

**Adresse** Wittelsbacherstraße 16, 80469 München, Tel. 089/74747750 | **ÖPNV** Bus 132, Haltestelle Baldeplatz | www.leberlu.de

# 60  Le Sorelle
*Zwei Schwestern für alle Tagliatelle*

Natalie und Marisa Bruno haben schon viele Küchen gesehen. Die beiden Halbitalienerinnen mit Wurzeln im nördlichen Schwarzwald und den Abruzzen kommen als Koch-Duo Le Sorelle nämlich zu ihren hungrigen Kunden nach Hause, um dort für deren Gästeschar Pasta zuzubereiten. Da Natalie eigentlich als Architektin und Marisa als Pharmazeutin arbeitet, geht das nur an Wochenenden. Und so füllen sie ihre Sams- und Sonntage mittlerweile mit der Zubereitung italienischer Klassiker aus dem familieneigenen Rezeptebuch: Pappardelle mit Steinpilzsauce und Trüffelcarpaccio etwa oder Tagliatelle mit Hackfleischbällchen in Tomatensauce. Bei den Nudeln bleibt es aber nicht, die beiden jungen Frauen sprechen mit dem jeweiligen Küchenbesitzer ein ganzes Vier-Gänge Menü ab. Antipasti, die selbstgemachten Nudeln als Primo und als Secondo wird möglicherweise der Rindfleischeintopf *spezzatino* serviert oder eben, vegetarisch, gefüllte Zucchini aus dem Ofen. Ein *Dolce*? *Ma certo*! Ihr eigenes Zitronen-Tiramisù oder Panna Cotta bringen die Zwei ebenfalls mit.

Stundenlang kann man so am Esstisch sitzen bleiben, sogar als Gastgeber – man hat ja nicht viel zu tun. Die Schwestern in ihren gestreiften Schürzen kümmern sich und erklären den Gästen obendrein den ein oder anderen Trick. Dass die Pasta durchs Auswälzen mit dem Wellholz diese raue Struktur erhält, wodurch die Nudel mehr Sauce aufnehmen kann. Oder dass es ein besonderes Messer ohne Spitze braucht, das *coltella*, um aus dem gefalteten Teig Tagliatelle zu schneiden. Natalie Bruno trennt am Holzbrett liebevoll Nudel für Nudel, das italienische Gefühl für Genuss gehört schließlich dazu: »Wir wollen ja ein Erlebnis zu Hause anbieten«, erklärt sie. Ihre Schwester ergänzt: »So verbringt man bei uns daheim die Sonntage: beim Essen mit Familie und Freunden.« Und da München ja bekanntlich die nördlichste Stadt Italiens ist, geht das hier natürlich auch. Mithilfe der Sorelle sogar ganz *facilmente*.

**Adresse** In Ihren eigenen vier Wänden! Denn Natalie und Marisa Bruno kommen zu ihren Gästen (aus München und der nahen Umgebung) nach Hause, um dort italienische Familienrezepte zu kochen. Die Menüfolge wird zuvor mit dem Gastgeber abgesprochen. Preis je nach Aufwand und benötigten Zutaten: zwischen 40 und 50 Euro pro Person. Tel. 0157/38350449 | via Instagram lesorelle_gastonomie

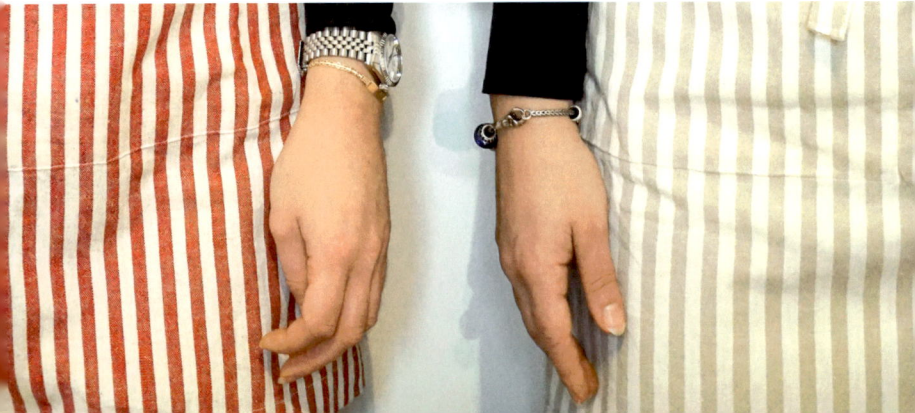

# 61  Lea Zapf Marktpatisserie
*Weniger Bussi Bussi, mehr Luftikus*

Ja, das Ziel sei immer der Viktualienmarkt gewesen, erzählt Lea Zapf rückblickend. »Oder eben der Traum – wahrscheinlich von so ungefähr jedem Münchner«, fügt sie lachend hinzu. Das Komitee der Markthallen München bewerte nach strengen Kriterien, erläutert die junge Konditormeisterin den Prozess, wie sie zu ihrem schönen Stand kam. »Nachhaltigkeit ist ein Punkt. Oder wie gut man sich ins Marktgeschehen einfügt. Ich habe zu den anrainenden Ständen, einem Kaffeeröster und einem Pralinenladen, gepasst.« Und nun also reicht die Münchnerin aus dem Fenster des winzigen Verkaufsraums vor ihrer Miniatur-Backstube Cappuccino und Luftikusse hinaus zu den Sitzenden auf dem grün gestrichenen Holzvorbau ihres Stands.

»Luftikus ist ein Synonym von Windbeutel«, erklärt die Zuckerbäckerin. »Ein Name mit Eleganz«, findet sie. Der zudem perfekt die Eigenschaft des Brandteiggebäcks beschreibt, sich beim Backen mit Luft zu füllen und einen Hohlraum zu schaffen, den Zapf mit ihrer Crème pâtissière wieder schließt. Unterschiedliche Variationen hat sie kreiert, etwa mit Lemon Curd, verfeinert mit frisch gehackter Minze, geriebenem Ingwer und einer krönenden Zitronenzeste obenauf.

Auch das Wort »Käsekuchen« ist im Grunde viel zu prosaisch für das, was Zapf auf Wunsch flambiert präsentiert, verbindet sie doch im Blaufeuer des Bunsenbrenners drei verschiedene Backtraditionen zu einer gelungenen Neuinterpretation. Die Pâtissière inspiriert sich am New York Cheese Cake mit Philadelphia und Sauerrahm als Basiszutaten, backt allerdings in der luftigen Konsistenz eines Käsekuchens mit Vanille und Zitronensaft – und flambiert finalisierend das Topping wie bei einer echten Crème brûlée, wenn man eben möchte. Ja, möchte man. »Gibst du mir mal den Bunsi?«, ruft sie in die Backstube. Ein Kosename für den Bunsenbrenner! Und doch ist das nur fast überraschend. Bei Lea Zapf ist eben alles einen Hauch charmanter als anderswo.

**Adresse** Viktualienmarkt Abteilung III Stand 20/21, 80331 München, Tel. 089/24217605 |
**ÖPNV** alle S-Bahnen, U3, U6, Haltestelle Marienplatz | www.leazapf.de

# 62 Lilli P.
### *Zum Lunch mit Wes Anderson*

Dass der nostalgisch-glamouröse Stil des Regisseurs Wes Anderson für das bonbonfarbene Lilli P. Pate stand, ist nicht zu übersehen. Interior Designerin Stephanie Thatenhorst hat in Mintgrün und Altrosa geschwelgt. Terrazzoböden treffen auf samtene Barhocker, pastellige Kacheln und voluminöse Stoffe, aus geriffelten Wänden wachsen korallenrote Arme von Kugellüstern. Es ist ein wahrhaft kinotaugliches Setting für die Mittagspause. 2018 gab es fürs Lilli P. sogar den German Design Award, die Jury lobte ausdrücklich den »50er-Jahre-Twist«.

Das instagramtaugliche Tagescafé befindet sich im Nove, einem eleganten gläsernen Bürogebäude inmitten weiterer schicker Wohn- und Bürokomplexe des neuen Stadtquartiers Arnulfpark auf dem ehemaligen Gelände des Containerbahnhofs. Auf genau diese Office-Lunchklientel ist das Lilli P. auch zugeschnitten. »Das Café ist auf Wellness-Food und Bowls spezialisiert«, erklärt der Gastronom Markus Thatenhorst, der mit der Designerin verheiratet ist und gemeinsam mit seinem Bruder einige – von seiner Frau detailverliebt gestaltete – Lokale betreibt: das Occam Deli im Stil New Yorker Feinkostläden oder die Trattoria Seerose, die ihre »cucina casalinga« übrigens in dem Haus anbietet, in dem Thomas Mann seine »Buddenbrooks« beendete.

Im ersten Stock des Lilli P. wird gesetzter Lunch mit Bedienung angeboten, im Erdgeschoss stellt man sich seine Bowl am langen Tresen dagegen selbst zusammen, etwa aus Brokkoligemüse mit Mandeln, Kichererbsen-Süßkartoffel-Mix oder Bulgursalat mit zweierlei Melone. »Wenig Fleisch, healthy raw food«, fasst Thatenhorst zusammen. Dafür wird samstags und sonntags ein All-you-can-eat-Frühstücksbuffet aufgebaut – und Kuchen aus der hauseigenen Bäckerei ist sowieso immer da. Wenn man jetzt noch die Zuckerguss-Pâtisserie »Courtesan au Chocolat« aus dem Film »The Grand Budapest Hotel« bestellen könnte – man fühlte sich tatsächlich wie beim Lunch mit Wes Anderson.

**Adresse** Lilli-Palmer-Straße 2, 80636 München, Tel. 089/90175452 | **ÖPNV** alle S-Bahnen, Haltestelle Donnersbergerbrücke | www.lillip.de

# 63 Little Daruma
*294.000 handgerollte Varianten von Glück*

Knapp unterhalb der Decke der Sushibar hat sich eine ganze Brigade der namensgebenden Darumas formiert. Die Pappmaschee-Puppen sind Glücksbringer in Japan. Wer einen Wunsch im Herzen trägt, malt ihnen ein Auge aus. Sobald der Wunsch erfüllt ist, wird auch das zweite geschwärzt. Derzeit hat nur einer der Darumas von Marco Kühnhold beide Augen eingefärbt. »Der sorgte dafür, dass das mit dem eigenen Lokal funktioniert hat«, nickt der Sushi-Chef lachend. Ein Foto von Nobu Matsuhisa, für den Kühnhold früher im Münchner Fünf-Sterne-Hotel Mandarin Oriental arbeitete, ist neben den Bestelltresen gepinnt. Darauf umarmt der japanische Starkoch den jungen Deutschen und zeigt mit dem Zeigefinger anerkennend auf ihn, als wollte er sagen: »Schaut her, aus dem hier wird noch was!«

Im Little Daruma im Glockenbachviertel hat sich Kühnhold nun auf Temakis spezialisiert. Im Japanischen bedeutet das »handgemacht«, und daran hält sich der Gastronom. Er verteilt Reis auf Noriblättern und rollt daraus Spitztüten, die er mit variablen Zutaten befüllt. Man kann den Inhalt seiner »Handrolle mit 6 Zutaten« selbst bestimmen: »1 Protein – 2 Grün – 1 Soße – 2 Toppings«, lautet die Formel. So lässt sich Gelbflossenmakrele oder Tofu beispielsweise mit Avocado und Mango oder Frühlingszwiebeln und Sesamblatt kombinieren, dazu passen Soßen wie Ponzu, Teriyaki oder Trüffel-Pfeffer, zuletzt wird noch zweifach garniert, vielleicht mit Kresse und Knoblauchchips. Kühnhold hat es ausgerechnet: 294.000 verschiedene Varianten kommen so zusammen. Auf der Chef's-Choice-Karte präsentiert Kühnhold seine Favoriten, den »Little Daruma« etwa mit mildem, gegrilltem Aal, Unagisoße, japanischer Schwarzwurzel und frittierten Tempuraflocken für den Crunch.

»Erwarte das Glück schlafend«, lautet eine japanische Weisheit. Im Little Daruma kann man ihm auch essend entgegenblicken – denn wer unter 294.000 Varianten das Glück nicht findet, der findet es wohl nie.

**Adresse** Rumfordstraße 7, 80469 München, Tel. 089/97898411 | **ÖPNV** alle S-Bahnen, U 3, U 6, Haltestelle Marienplatz | www.littledaruma.de | **Tipp** Temakis passen hervorragend zu Jazz, daher kann man sie sich auch in die Jazzbar Vogler bestellen, ein paar Häuser die Rumfordstraße hinunter.

# 64 Madam Chutney
*Lass sie Lassi trinken*

»So ziemlich alle Inder kochen gut«, lacht Prateek Reen. Die ehemalige Marketingmanagerin kam 2016 mit ihrem Mann nach München. Aus Dinnerpartys, die sie für indische und deutsche Freunde gab, entstand die Idee, doch gleich ein Restaurant zu eröffnen, schon weil die Streetfood-Klassiker Alt-Delhis ihr selbst so fehlten. Sie startete mit einem Wohnzimmerlokal weit im Norden Schwabings. »Das war so schnell voll, dass ich oft Leute wegschicken musste«, erinnert sich die Mittdreißigerin. Jetzt führt sie nahe dem Viktualienmarkt ein großes Restaurant mit zwei Innenhofterrassen und ochsenblutrotem Barbereich, wo man unter tief hängenden Bastlampen neben einer ganzen Reihe safran- und kardamomgewürzter Drinks den schokoladennotigen nordindischen Old Monk Rum mit hausgemachtem Mangolassi und Fenchelsaat mixt.

Authentisches Streetfood in festivem Ambiente ist das Konzept. Die kleinen, mit Kichererbsen und Tamarindensud gefüllten Knusperteigbällchen Panipuri, die krachend im Mund zerplatzen; gefüllte Kati Rolls aus ungesäuertem, gefülltem Fladenbrot, Biryani aus würzigem Reis oder das Gemüsecurry mit den selbst gebackenen Rosenmehl-Hefesemmeln Pav Bhaji Maska. »Pav« bedeute Semmel, »bhaji« Gemüsecurry, erklärt die junge Inderin, die dieses Gericht – wie die Straßenverkäufer Delhis eben auch – in unterteilten Edelstahltellern präsentiert. Das Brötchen wird vor dem Servieren noch in einer heißen Butterpfanne geschwenkt, um am Tisch mit warmer Buttrigkeit und Röstaromen zu punkten. Dazu das Curry: »Zwiebeln, Tomaten, Kartoffeln, Bohnen, Karotten, Paprika, grüne Erbsen, Kichererbsen – alles kann da rein«, erläutert die Gastronomin. So sei das eben in der indischen Küche: viele Zutaten, viel Geschnippel und lange Kochzeiten. Trotzdem hängt sie an ihrem Kochtipp: »*Don't use short cuts in the kitchen!*« – Keine Abkürzungen in der Küche! Nun ja, eine Ausnahme gibt es wohl: Den kurzen Weg ins Madam Chutney, den darf man gern nehmen.

Adresse Frauenstraße 11, 80469 München, Tel. 0176/61948731 | ÖPNV alle S-Bahnen, U3, U6, Haltestelle Marienplatz | www.madamchutney.com | Tip Seit kurzem gibt es auch einen Madam Chutney-Imbiss fürs schnelle Mittagsgericht in der Sendlinger Straße 45 in 80331 München.

# 65 Mai Garten
*Auberginen in der Au*

Den winzigen Imbiss in der Ohlmüllerstraße »Mai Garten« zu nennen, darauf kommt wohl nur, wer aus Schanghai stammt – wie das Inhaber-Paar. Für jemanden aus einer 23-Millionen-Stadt mag die Au an diesem viel befahrenen Eck recht idyllisch erscheinen. Der Name ist aber der einzige Euphemismus, das Essen hingegen ist so authentisch, wie man es sich nur wünschen kann. Hier lässt sich Vegetarisches wie gebratener Spitzkohl mit Chilischoten und Rapsblüten mit Knoblauch ordern. Oder man wirft sich ins fernöstliche Abenteuer und bestellt Schweineohren (die dem hiesigen Wurstsalat durchaus ähneln). An der Tafel über der Glasvitrine sind die Spezialitäten des Tages angeschrieben, das kann scharf gebratener Tintenfisch sein oder oder karamellisierter, mundfertig gewürfelter Schweinebauch, zweimal gebraten und serviert in würziger, leicht scharf-öliger Tunke, mit Stücken von Paprika und Chinakohl.

Wer mehr Komfort möchte oder ein Gläschen Wein, der besucht nicht diesen Mai Garten, sondern das dazugehörige Restaurant in der Buttermelcherstraße im Gärtnerplatzviertel. Hier wie dort sind die Gerichte handgemacht, etwa die mit Schweinehack und Brühe gefüllten Teigtaschen Xialongbao, benannt nach den kleinen Bambuskörbchen namens Xiaolong, in denen man sie dampfgart.

Für die Aubergine nach Szechuan-Art, erklärt Inhaber Haoqing Wang, würden Auberginenwürfel in sehr heißem Rapsöl frittiert und anschließend in einem Sud aus Chili, Reisessig, Sojasoße, Zucker, Knoblauch und Szechuanpfeffer kurz durchgegart, bis die leicht süßlich-scharfe, zartfleischige, tief glänzende Aubergine sich mit der Zunge am Gaumen zerdrücken lässt. Wer die Augen schließt, um zu genießen, entfernt sich Bissen um Bissen weiter vom städtischen Treiben – ja, es könnte ihn durchaus mitten hinein in ein blühendes Auberginenfeld katapultieren. Herrje, welch Fehleinschätzung in den eingangs formulierten Zeilen: Natürlich ist Mai Garten der richtige Name!

**Adresse** Ohlmüllerstraße 24, 81541 München, Tel. 089/62423888 | ÖPNV U 1, U 2, U 7, Haltestelle Fraunhoferstraße | www.facebook.com/maigarten

# 66 MaiLing
*Grüß Gott und Sawasdee!*

»Sag a mal schön grüß Gott, Mai-Ling«, beginnt ein bitterböser Sketch des bayerischen Kabarettisten Gerhard Polt aus den 1970er Jahren. Der Asia-Laden MaiLing am Rande des Viktualienmarkts könnte durchaus nach den sarkastischen Hieben Polts auf einen deutschen Spießbürger und dessen tumb-fragwürdigen Umgang mit seiner südostasiatischen Angetrauten benannt sein – genau weiß man's nicht mehr, immerhin gibt es den Mini-Markt seit vielen Jahrzehnten.

Das ist aber auch gar nicht so wichtig, denn hier arbeitet sowieso nicht Mai-Ling, sondern Lim Steffan. Die Malaysierin verkauft mit Witz und Rat alles, was man fürs ostasiatische Kochen braucht. Allerhand Pülverchen, Pasten und Palmzuckersorten sind in den Regalen zu finden, auf dem Boden stehen große Reissäcke dicht an dicht. Über allem lächelt ein betagter Asiate mit zotteligem Bärtchen: »Wer kein freundliches Gesicht hat, darf kein Geschäft eröffnen«, ist auf dem Plakat zu lesen – Lim Steffan hält sich an diese Vorgabe und kümmert sich rührend um ihre Klientel.

Die Ladenbesitzerin steht unter dem Bastdach der Theke, eingerahmt von roten Lampions, und stellt gerade eigenes Sambal Oelek her. Bekannt ist sie fürs hausgemachte frische Kimchi mit fermentiertem Chinakohl: »Das reist bis nach Bayreuth und Süditalien«, freut sie sich. Ihre treue Stammkundschaft holt sich auch Steffans To-go-Gerichte. Die gedämpften Gyōza etwa, köstliche, mit Hackfleisch und Gemüse gefüllte Teigtaschen. Oder die scharfe Garnelen-Wan-Tan-Suppe, randvoll mit frischem Koriandergrün.

Selbst Mangostin-Patron Joseph Peter lässt sich hier für sein Thalkirchener Restaurant inspirieren, erzählt ein an die Kasse geklebter Zeitungsartikel. Ein weiteres Foto zeigt Lim Steffan im Arm von Eckart Witzigmann. »Meine liebe Mailing ist einfach die Beste«, schrieb der Jahrhundertkoch dazu. Was könnte man dem Lob aus solch berufenem Munde noch hinzufügen? Nun, vielleicht ausnahmsweise mal kein »Grüß Gott«.

**Adresse** Westenriederstraße 6, 80331 München, Tel 089/294011 | **ÖPNV** alle S-Bahnen, Haltestelle Marienplatz oder Isartor; U 3, U 6, Haltestelle Marienplatz | **Tipp** Lim Steffan bereitet die Speisen ausschließlich »to go« und auch nicht täglich zu. Man muss also vorbestellen – aber es lohnt sich!

# 67 Makassar
*Kreolische Kombüse*

Nach Makassar hätten seine Schiffsreisen ihn nie geführt, verneint Roger Baranda. Ausgerechnet! Aus der Südsee, dem Nahen Osten und von den karibischen Inseln brachte der Koch Rezepte in sein Restaurant – just die indonesische Stadt, nach der er und sein Partner Roland Dimpfl ihr Lokal benannten, sollte ein weißer Fleck auf der kulinarischen Landkarte bleiben? Nun, es ist einer der wenigen. Ende der 1970er Jahre wurde Baranda vom Meeresforscher Jacques-Yves Cousteau als Koch für eine Nil-Expedition angeheuert: »Ich war 20 Jahre alt, wog 70 Kilo und war damit geeigneter für eine Forschungsreise im Wasserflugzeug als meine Konkurrenten«, erklärt er knapp. Das kann nicht der alleinige Grund gewesen sein, wurde er doch auch Küchenchef der »Calypso«, Cousteaus schwimmendem Forschungslabor – und anschließend Koch eines Luxuskreuzers.

Dank dieser Vita wird im Makassar neben französischen Klassikern wie Artischocke mit Vinaigrette oder Jakobsmuscheln auch die »Cuisine des Îles« serviert: Von den Antillen etwa frittierte Stockfischbällchen in Pfannkuchenteig, auf einem Bananenblatt angerichtet, die Sauce créole dazu süß und scharf. Drei Tage lang muss der Bacalhau eingeweicht und das Wasser mehrmals gewechselt werden, um das Fleisch des durch Salz konservierten Kabeljaus in würzige Bällchen zu verwandeln. Viel fluffiger als in der Karibik seien seine »Accras de Morue«, nickt Baranda stolz. Weil er den Teig aus Kichererbsenmehl anrühre, nicht aus Weizen. Er ist eben ein Spezialist für Fernweh-Gerichte, selbst Samuel L. Jackson oder Brad Pitt kamen für die Riesengarnelen im Sesammantel, für die West-Indies-Samosas oder das kubanisch karamellisierte Hühnchen.

Als die Betreiber ihr französisch-kreolisches Restaurant 2019 nach 29 Jahren schlossen, um selbst wieder zu reisen, wurde es vielen Münchnern bang ums Herz. Inzwischen ist das Duo mit einem neuen Lokal gleichen Namens zurück. Und nein: In Makassar sind sie noch immer nicht gewesen.

**Adresse** Geyerstraße 52, 80469 München, Tel. 089/776959 | **ÖPNV** Bus 132, Haltestelle Baldeplatz | www.makassar.de

# 68__Manam Thai Food
*One Bite in Bangkok*

»Ich bin sehr stolz auf die thailändische Küche«, erklärt die gebürtige Bangkokerin Thanawan Chaikittisilp. »Es ist unglaublich, welches Zusammenspiel die Zutaten eingehen.« Auch bei ihrem Salat aus grüner Papaya, Erdnüssen, Datteltomaten und blanchierten Garnelen. Mit den zerkleinerten Schoten von thailändischem Chili ist das Dressing süßlich scharf und tränenflussfördernd, wer begierig nach dem Rezept forscht, erfährt, dass es lediglich aus Palmzucker, Zitronensaft und Fischsoße besteht. »Es klingt einfach«, lacht Chaikittisilp, »aber man muss wissen, wie.«

Zu ihren Wan Tan mit Garnelenfüllung ist auch die Pflaumensoße selbst gemacht, aus eingelegten chinesischen Salzpflaumen, Zucker und Wasser. »Ich kaufe keine fertigen Produkte«, sagt die Mittvierzigerin. Es gibt also Hausgemachtes, »und günstiger, als die Qualität es erlaubt«. Denn: »Guten Service oder einen schönen Laden bekommt man überall«, kontert sie die Kritik mancher Internetforen, die zwar ihre Thaiküche bejubeln, jedoch ruppige Umgangsformen bemängeln. Um es mit den Worten ihrer Webseite zu sagen: »Etikette oder Konformitäten spielten für sie nie eine Rolle. Das Einzige, was zählt, ist die Liebe zur thailändischen Küche.«

Manam heißt übersetzt Seepferdchen, es ist der Spitzname ihrer Tochter, und so hat sie auch die winzige Garküche benannt. Innen dominieren hellblaue Wände, ein Gewirr an Leitungen spannt sich entlang der Decke, links der offenen Küche prangt ein Schwarz-Weiß-Foto des längst verstorbenen Königs Rama V. Draußen sitzt man an der vierspurigen Straße auf Schemeln an Plastiktischen, ein paar Meter weiter werden (sofern die Personalsituation es erlaubt) aus dem Mini-Pavillon »Manam Sweets« Desserts verkauft: Schälchen mit Kanom Tuay etwa, dem gedämpften Pudding aus Reismehl und Kokosmilch mit honigfarbenem Palmzucker-Kern. Der Ortssinn lässt nach, wenn man hier beim Curry Gaeng Ped sitzt. Man würde sich nicht einmal wundern, führen Tuk-Tuks die Rosenheimer Straße hinauf.

**Adresse** Rosenheimer Straße 34, 81669 München, Tel. 089/23796118 | **ÖPNV** alle S-Bahnen, Haltestelle Rosenheimer Platz | www.manam-thaifood.com

# 69 Marais
*Schlemmen im Schaufenster*

Es ist ein Haus, das Großes in sich birgt und barg. Wie die Elefanten etwa, die im Zweiten Weltkrieg wohl zeitweise im Hinterhof unterkamen, nachdem die Stallungen des Circus Krone weitgehend zerstört waren. Oder die grandiose originale Einrichtung des Textilkaufhauses aus den Jahren um 1910, in dessen Räumlichkeiten inzwischen Alexandra Baumann ein Tagescafé führt. Als sie das Ecklokal 2006 bezog, waren die Schaufenster zugestellt und die Oberlichter abgeklebt. »Es gab überhaupt kein Tageslicht, nur Neonröhren«, erinnert sich Baumann. Vier Monate haben sie renoviert und die Schönheit freigeschaufelt, noch immer prangt der Schriftzug des Textilhändlers Hans Mier über dem Eingang des Cafés.

Die Böden der ehemaligen Auslagenflächen in den Schaufenstern wurden verstärkt, heute sitzen hier Cafégäste auf antikem Mobiliar, das man ebenfalls erwerben kann, der Fundus wird ständig aufgestockt. Da frühstückt man dann also im historischen Schaufensterrahmen Bio-Rührei und hausgebeizten Lachs oder selbst gebackene Quiches, Tartes au fromage oder Tartes Tatin. Auf der Mittagskarte wechseln täglich sechs Gerichte, freitags etwa gibt es meistens Fischsuppe mit Rouille und Croûtons. Oder auch Merguez-Sandwich, Risotto mit Zucchini und Pecorino, gebratenen Oktopus oder Roastbeef mit Bratkartoffeln und hausgemachter Remoulade. Baumanns Mann Riccardo, der eigentlich vis-à-vis im dazugehörigen Restaurant Marais Soir (siehe Kapitel 70) kocht, stellt die französischen Bistro-Klassiker zusammen, schließlich ist der Name Marais nicht zufällig gewählt, sondern bezieht sich auf das besonders hübsche und historische Pariser Viertel. Und besonders hübschen historischen Krimskrams findet man weiterhin in den Schubfächern und Vitrinen des einstigen Kaufhauses: nostalgisch verpackte Süßwaren und Kosmetika, Vintage-Taschen oder Teegeschirr aus dünnwandigem Porzellan. Schon gut, dass die Elefanten nicht mehr da sind.

**Adresse** Parkstraße 2, 80339 München, Tel. 089/50094552 | **ÖPNV** U 4, U 5, Haltestelle Schwanthalerhöhe | www.cafe-marais.de

# 70\_Marais Soir
*Nach Frankreich mit facilità*

Fast immer habe er mit Franzosen gearbeitet, erklärt Riccardo Asti den eigenen Fokus auf die französische Küche. Der rühre schon von seiner ersten Küchenerfahrung im Jahr 1989 her, als 19-jähriger Commis (Jungkoch) bei Gualtiero Marchesi, dem ersten Drei-Sterne-Koch Italiens. Auch dort sei der Großteil des Personals aus Frankreich gewesen. Seither hat Asti in vielen exzellenten Küchen gearbeitet, im Münchner Gourmet-Tempel Tantris etwa.

Seit 2012 betreibt er sein eigenes Abendlokal im Westend, und auch hier gelingen dem gebürtigen Mailänder französische Rezepte mit *facilità* – italienischer Leichtigkeit eben. Vis-à-vis führt seine Frau ein Ladencafé (siehe Kapitel 69), dorthin hat Asti seine Pasta-Produktion verlegt. In deren Küche sei einfach mehr Platz, schmunzelt er. Wildkräuter sammelt der Küchenchef selbst zur Weiterverarbeitung, etwa für die Brennnesselravioli mit Majoran-Butter. Seine Klassiker sind die Bresse-Taube mit Foie gras, Fischsuppe und natürlich Risotto. »Außer dem Brot machen wir alles selbst«, sagt Asti, »sogar die Cantucci zum *caffè*.«

Auch die Einrichtung des Lokals erinnert an ein französisches Bistro: Entlang der hellen Ziegelmauer zieht sich eine rote Lederbank, an den Tischchen stehen Thonet-Stühle, Kerzen brennen an silbernen Chandeliers. Im Nebenraum schimmert, einem satten Vollmond gleich, die Leuchte eines Münchner Lichtkünstlers von der schwarzen Wand. Tom Waits spielt den Song »Ice Cream Man«, und zum Dessert gibt es dann auch hausgemachtes Cassis-Sorbet an einer hauchdünnen Scheibe Baumkuchen, in der Mascarpone-Millefeuille daneben steckt ein Brik-Teig-Dreieck wie das Segel einer Dschunke.

Auf dem linken Unterarm ist dem Koch eine Gabel tätowiert, daneben ein vierblättriges Kleeblatt. Das habe ihm seine Tochter vor einigen Jahren gestochen, erzählt er. Damals sei sie zehn gewesen. Er habe gerade noch intervenieren können, erinnert sich Riccardo Asti: »Sie wollte eigentlich ein Einhorn.«

**Adresse** Schwanthalerstraße 131, 80339 München, Tel. 089/62838662 | **ÖPNV** U 4, U 5, Haltestelle Schwanthalerhöhe | www.marais-soir.de

# 71 Marinas Feinkost
*Nie, nie ohne Panini*

Man soll keine Namensscherze machen. Aber an Marina Bröckelt bröckelt er nun einmal einfach ab, der Münchner Grant. Das sei so, weil an ihrem Viktualienmarkt-Stand für italienische Produkte immer so viel gelacht werde, ist sich die Marktfrau sicher. Die Chefin selbst, die Mitarbeiterinnen, der jüngste Sohn Lino – alle haben gute Laune, da kommt so ein klassischer Grantler nicht dagegen an: »Die Münchner sind eigentlich herzensgut, aber man muss aus ihnen rauslocken, was sie innen drin haben«, sagt Bröckelt. Wiewohl selbst in München geboren und aufgewachsen, sei sie im Herzen doch Italienerin: »Meine Mutter kam aus Venedig, meine Muttersprache ist Venezianisch.« Dieser Dialekt klinge noch singender als das Italienische, erklärt sie. Als knallendes »paning« spricht sie etwa das italienische »panino« aus, mit Betonung auf der zweiten Silbe.

Bröckelts Panino »Auf die Faust« punktet mit Gorgonzola Dolce, Walnüssen, Birne, Rosmarinschinken, Rucola und Feigensenf. Während sie im »Don Roberto« Tomatensalsa, Rauke, den lombardischen Weichkäse Taleggio und extra lang gereiften Prosciutto di Parma schichtet. Aus der Toskana bezieht die Halbitalienerin gedämpfte Porchetta mit Kräutern fürs »Trüffelsau«-Panino und kombiniert den gerollten Schweinebauch mit Trüffelpesto, Capra Tartufata, Artischocken und Rucola.

»Ich habe meine Lieferanten über die Jahre ausgesucht«, führt Bröckelt an. Die frische Pasta kommt aus einer Manufaktur bei Trento, die Bio-Passata aus den Abruzzen. Bereits seit über 20 Jahren gehört auch Olivenöl von Helmut Kranz zu ihrem Sortiment. Oberhalb von Syrakus handgeerntet und kalt gepresst, bescheinigt die Standl-Besitzerin dem Bio-Öl eine »schön grasige Note«. Und gibt gleich Urlaubstipps: Zur Olivenernte nach Sizilien reisen, auch ihr Mann habe bereits bei Kranz mitgeholfen. Wobei – das mit der Erholung sei so eine Sache, lacht sie: »Das ist Knochenarbeit. Er war froh, dass er nur drei Tage mithelfen durfte.«

**Adresse** Viktualienmarkt Abteilung I Stand 22/23 (gegenüber vom Haushaltswarengeschäft Kustermann), 80331 München, Tel. 0170/4490552 | **ÖPNV** alle S-Bahnen, U3, U6, Haltestelle Marienplatz | www.marinas-feinkost.de

# 72 Marita Café
*Knödel und Kaffee*

Dass die Chefin aus Niederbayern kommt, hört man gleich: »An guadn Butter« nehme sie her, um ihre Kaspressknödel anzubraten, erklärt Marita Fronhofer nämlich. Ganz recht, Butter ist im Bairischen männlich – was sprachhistorisch gesehen im Übrigen korrekter ist als das hochdeutsche Femininum. Denn unser Wort Butter stammt vom Lateinischen »butyrum« ab und hat sich in den romanischen Sprachen seine Männlichkeit bewahrt. Überhaupt ist der traditionsbewusste Bayer in seinem Sprachgebrauch immer wieder näher dran an der lateinischen Wurzel – die im Lateinischen »radix« heißt und somit unschwer an den »Radi« erinnert, also den Rettich. Allerdings ist der im Lateinischen weiblich, weswegen wir den Radi jetzt doch nicht genauer betrachten und vor allem nicht »vo untn oschaung«, das wäre nämlich, nun ja, fatal.

Werfen wir den Blick also lieber auf die Spezialität der gebürtigen Viechtacherin. Das sind Kaspressknödel, flach gepresste Knödel aus Knödelbrot und Käse, in der Pfanne – in guter Butter also – angebraten. Die serviert Fronhofer mittags in ihrem schönen Neuhauser Café mit den Jugendstilfliesen, der hohen Decke, den weiß gestrichenen Holzmöbeln, den hausgemachten Kuchen, dem Kaffee aus ostbayerischer Röstung. Salat und Gemüse kommen ebenfalls aus der Region, die Eier auch. Letztere mischt sie zum in warmer Milch aufgequollenen Knödelbrot, fügt Salz, Pfeffer, Muskatnuss, Majoran und Zitronenabrieb hinzu, um dann ganz am Schluss noch milden Zillertaler Käse unterzuheben. Und zwar in Würfel geschnitten: »So fließt der Käse schön raus, wenn man in den Knödel schneidet.« Und das lieben ihre Gäste. So sehr, dass sie auf den anderen Mittagsgerichten auch mal sitzen bleibe, lacht die Kaffeehausbetreiberin: »Es will doch jeder immer die Kaspressknödel.«

»Wenn's koane Gnedl gibt, is ned gessn«, sagt der Bayer gern, vor allem, wenn er hungrig bleibt. Im Café Marita hat man den Spruch daher noch nie gehört.

**Adresse** Schulstraße 34, 80634 München, Tel. 089/13011652 | **ÖPNV** U 1, U 7, Haltestelle Rotkreuzplatz | www.marita-cafe.de

# 73 — Max's Beef Noodles
*Beim chinesischen Nudelmeister*

Ein Wandfries im chinesischen Imbiss klärt auf, in welchen vier Arbeitsschritten hier die Nudeln hergestellt werden: »Teig mischen, Teig kneten, Teig teilen, Nudeln ziehen«. Das klingt allerdings sehr viel einfacher, als es schlussendlich ist. Zwei Jahre habe er gebraucht, um die traditionelle Technik zu erlernen, nickt Weiping Xu. Der Koch mit dem weißen Schiffermützchen hat einen Weichweizenteigklumpen vor sich liegen und gliedert ihn rasch mit einem Teigabstecher zu handlichen Strängen. Er nimmt sich einen davon, hält beide Enden in einer Hand, zieht den Teig mit der anderen auf Armspannweite zur Schlaufe, dehnt, so weit er kann, faltet wieder zusammen, streckt ihn wieder und unterteilt dabei durch geschickte Fingerhaltung den einzelnen Strang zu gleichmäßigen Nudeln. Er wiederholt das Nudelziehen so oft und flink, bis er mit der Länge und Dicke der Teigware zufrieden ist und sie in den Kochtopf hinter sich ins brodelnde Nudelwasser schleudert.

Diese handgezogenen Nudeln werden in China Lamian genannt, wobei »lā« einfach ziehen bedeutet und »miàn« Nudel. Seit Jahrhunderten gelten sie in Westchina als Hauptnahrungsmittel, und auch er habe ihre Herstellung ganz im Westen der Volksrepublik gelernt, nickt Xu, der seine Nudeln angebraten anbietet oder in einer Rinderkraftbrühe mit zarten Rinderfetzen, frischen Kräuterseitlingen, Koriandergrün und Lauchzwiebelringen.

Ein weiterer Wandcomic erklärt die Zubereitung der Suppe aus Rindfleisch, Rinderbeinknochen, Suppenhuhn sowie 14 Gewürzen. Auch der Koch in der Zeichnung trägt ein Schiffermützchen zum gestärkten Kochkittel und rührt sichtlich zufrieden in einem riesigen Topf. Noch zufriedener als der Comic-Koch und Weiping Xu können allerdings die Gäste sein. Die müssen die Nudeln nicht mit der Hand aus Teigsträngen ziehen, sondern lediglich mit Stäbchen und Mund aus der Suppenschüssel. Und diese Technik lernt man hier ratzfatz.

**Adresse** Sendlinger-Tor-Platz 10, 80336 München, Tel. 089/51556868 | **ÖPNV** U1, U2, U3, U6, U7, Haltestelle Sendlinger Tor | www.max-noodles.de

# 74 MoKKa
*Einkochen und einkleiden*

Begonnen habe es mit den selbst kreierten Buffets zu ihren Events, erinnert sich Modedesignerin Hilde Polz: »Meine Kundinnen wollten wissen, ob ich auch Caterings machen würde.« Eigentlich habe sie bei derlei Vorstößen stets abgewunken. Doch nach 35 Jahren Selbstständigkeit in der eigenen Boutique sei ihr klar geworden: »Ich muss etwas Neues machen.« Am 4. April 2019, an ihrem 60. Geburtstag, sei dann die Gewerbegenehmigung ins Haus geflattert. Und zu ihrer ausschließlich in Bayern gefertigten Mode gesellte sich Kulinarisches – vorrangig ebenfalls mit lokalen Produkten aus Kleinbetrieben.

Um Inspiration ist der Oberbayerin nicht bang: »Wir sind im Schlachthofviertel. Auf dem Weg nach Hause gehe ich im Feinkostmarkt FrischeParadies vorbei oder in der Großmarkthalle.« Ihren Kaffee bezieht sie aus der prämierten Rösterei Don Leo, die eine befreundete Guatemaltekin auf ihrem Hof im Dachauer Land aufgebaut hat, den Gutedel von einer weiteren Freundin mit Weingut im Südbadischen. Hochprozentig wird's bei den eigenen Cocktail-Kreationen, etwa dem »König Ludwig« aus Vogelbeerschnaps, Alpenkräuter-Gin, Bayerischem Rum, Tonic Water – und Goldflitter.

Ob bei kulinarischen Kombinationen oder Modedesign – der kreative Prozess ähnele sich, nickt Polz. Farbe, Struktur, Textur und Geschmack sollten zu Neuem zusammenfinden. Gerade weil sie nicht aus der Branche sei, kenne sie keinen Halt bei Kombinationen. »Und wenn's nix ist, macht's ja auch nix.«

Auf ihre Karte (oder in die Einmachgläser zum Mitnehmen) findet indes nur Gelungenes. Etwa die Bayerische Zwiebelsuppe nach dem Rezept ihrer Großmutter, die Hilde Polz sogar mit eigenem Käse gratiniert, den sie auf dem Bauernhof ihrer Nichte herstellt – in verschiedenen Farben, wie es sich für eine Modeschöpferin gehört: rot marmoriert mit Paprikagewürz oder dunkel getönt mit selbst eingelegten schwarzen Walnüssen. Es bleibt eben fashionabel bei Hilde Polz, am Kleiderbügel und zu Tisch.

Adresse Schmellerstraße 13, 80337 München, Tel. 089/7254544 | ÖPNV U 3, U 6, Haltestelle Poccistraße | www.mokka-muenchen.de

# 75 Morso
*Cappuccino und Cornetto*

Ausgerechnet in der Straße Münchens, die am wenigsten nach Süden klingt, ist dieser italienische Moment zu finden. In der Nordendstraße, nach ihrer früheren Lage als nordöstliches Ende der Stadt benannt, fällt der Blick von der Caféterrasse nicht auf mediterranes Treiben, sondern auf eine Tramhaltestelle, aber das ist ganz egal, wenn man zum Cappuccino ein noch ofenwarmes Cornetto in der Hand hält. Ob nun ungefüllt, mit Crema, Schokolade, Pistazie oder Aprikose – oder in der veganen Variante mit Granatapfel. Vermutlich damit man die eigene Sucht schnell bedienen kann, liegen die Cornetti auf Packpapier am Tresen, daneben eine Greifzange für die Gäste. Die Auslage leert sich schnell, zurück bleiben nur Fettflecken auf Papier, wobei Genc Belegu den Gast beruhigt: So ein Cornetto habe weniger Butter als ein französisches Croissant.

»In Rom bekommst du genau die«, nickt der Café-Betreiber, der auch die knusprigen Sfogliatelle – kegelförmige, aufgefächerte Blätterteigtaschen mit orangenblüten-aromatisiertem Ricotta im Innern – aus Italien bezieht. Und mindestens so elegant wie ein römisches Tagescafé kommt das Morso in der Maxvorstadt daher: Decken und goldverzierte Türzargen stammen von einer Villa in Grünwald, das gilt auch für die Vertäfelung aus den 1960er Jahren im dänischen Mid-Century-Design. Genc Belegu hat im heimischen Kosovo eine Kunstschule besucht und sein Faible für Design und Antikmärkte nie verloren. Weitere Fundstücke kommen mittlerweile im nicht minder stilbewussten Morso-Ableger in der Schwabinger Elisabethstraße zum Einsatz.

Für herzhafte Gelüste gibt's Tramezzini. Oder auch ein Nuzzo, wie der italophile Kosovare seine calzoneähnlichen belegten Brote nennt: den Pescatore mit Thunfisch und Zwiebel etwa oder das Vegetariana mit Ofengemüse. »Von nichts kommt nichts« heißt in Italien: »*Non c'è pane senza pena*« – kein Brot ohne Schmerz. Dann also doch kein Nuzzo. Lieber schnell ein Cornetto, bevor sie wieder alle sind.

Adresse Nordendstraße 17, 80799 München, Tel. 0171/3075466 | ÖPNV Tram 28, Haltestelle Nordendstraße | www.morso-cafe.de

# 76  Mountain Hub Gourmet
*Kulinarische Höhenflüge zwischen Terminal 1 und Terminal 2*

Eine glasüberdachte Atriumhalle, durchbrochen von fluoreszierenden Lichtern. 18 Meter hohe Palmen rhythmisieren den Saal, darunter informieren elektronische Anzeigetafeln, dass um 20.25 Uhr ein Flieger nach Kopenhagen gehen würde, der nächste zehn Minuten später nach Paris. Wir wollen aber gar nicht wegfliegen. auch wenn wir uns hier zwischen Terminal 1 und Terminal 2 am Flughafen befinden, im Foyer des Flughafenhotels Hilton Munich Airport. Wir sind vielmehr auf dem Weg ins Mountain Hub Gourmet, zum jungen Sternekoch Marcel Tauschek. Und wenn man dann erst einmal an einem seiner Holztische auf einem der grünen Samtsofas sitzt, ebbt die Verkehrsknotenpunkthektik auch gleich wieder ab. »Ja«, lacht der Küchenchef, »Wir haben zwar den Flughafen direkt vor der Tür, wollen aber, dass man den Stress ringsum gleich vergisst.«

Seit 2022 ist das Mountain Hub Gourmet besternt, da war Tauschek noch Souschef. Und verteidigte im Jahr darauf den Stern höchstselbst, kurz nach seiner Beförderung zum Chefkoch – und seiner Neuausrichtung auf moderne alpine Küche aus regionalen und nachhaltig erwirtschafteten Produkten. »Wir arbeiten mit kleinen Produzenten«, nickt Tauschek. Das butterzarte Fleisch des Rehrückens etwa kommt aus dem Allgäu und wird begleitet von einer kräftigen Demi-Glace aus klassischem Reh-Jus, mit Nussbutter aufmontiert. Als Gemüse komplettiert Petersilienwurzel den Teller – und zwar alles von der Pflanze: Ein dickes Wurzelstück wurde gegart und angebraten, die kleineren Segmente zu Püree verarbeitet, die Schale zu Chips, der Fond zu Schaum, das Petersiliengrün zur Cremenocke. »Das ist 100 Prozent Zero Waste«, erklärt der junge Mann begeistert. Nachhaltigkeitsideale, am Flughafen. Das ist doch mal was. Und färbt ab. Womöglich landet man beim nächsten Airport-Besuch nämlich wieder nicht im Flieger. Sondern im Mountain Hub Gourmet.

Adresse Terminalstraße Mitte 20, 85356 München-Flughafen, Tel. 089/97824510 | ÖPNV S8, Haltestelle Flughafen München | www.gourmet.mountainhub.de

# 77_MUN
*Die Schönheit des Bibimbap*

All die biografischen Stationen Mun Kims finden sich in seiner Küche. Der gebürtige Südkoreaner, aufgewachsen in Hawaii, legte eine Karriere als Investmentbanker hin, verließ 2008 die Wall Street, um bei einem Sushi-Meister in Los Angeles in die Lehre zu gehen, betrieb gefeierte Lokale in Argentinien und landete 2016 mit der Eröffnung des Fine Dining Restaurants in Haidhausen einen Hit – dank seiner koreanischen Küche mit japanischen, kalifornischen und argentinischen Einflüssen: etwa mit Sashimi von fangfrischen Salzwasserfischen, hausgemachter Thunfischpaste auf knusprigem Reis oder flambiertem Oktopus und koreanischem Barbecue.

Inzwischen kam der Stehimbiss Asia Street by MUN im Werk3 des ehemaligen Pfanni-Geländes im Werksviertel-Mitte dazu. Im neuen Stadtteil am Ostbahnhof reihen sich in graffitiüberzogenen Schiffscontainern Kaffeeröstereien, Bars oder auch die kleinste Gin-Brennerei Deutschlands aneinander; sogar Zwei-Sterne-Koch Tohru Nakamura gastierte während der Umbauarbeiten seines Altstadt-Restaurants im Werk12, einem prämierten Bau der Star-Architekten von MVRDV.

Das Reisgericht Bibimbap – koreanisch für »Reis mischen« – findet man an beiden Adressen Mun Kims. Es wird vegetarisch, mit Lachs, Barbecue-Rind oder Hühnchen zubereitet und mit fünf verschiedenen Gemüsesorten sowie Ei und der koreanischen Chilisoße Gochujang serviert. Alle Zutaten müssen separat zubereitet werden, die dünn geschnittenen Shiitakepilze etwa in der Pfanne geröstet und in Sojasauce, Sake und Sesamöl geschwenkt. Erst zu Tisch werden sämtliche Zutaten verrührt – mit Stäbchen, um die Konsistenz des Reises zu bewahren, ein Eigelb sorgt für Umami und Sämigkeit. »Gut mischen!«, rät der Chefkoch, schließlich soll bei jedem Happen von allem etwas dabei sein. »Das ist die Schönheit des Bibimbap, sogar wir Koreaner essen es lieber mit einem Löffel.«

**Adresse** Innere Wiener Straße 18, 81667 München, Tel. 089/62809520 | **ÖPNV** alle S-Bahnen, Haltestelle Rosenheimer Platz | www.munrestaurant.de

# 78 Mural
*Street-Art und Sterneküche*

Sogar die Kuckucksuhr wird hip an diesem Ort. Grellbunt aufgepeppt, rechnet das Schwarzwaldsymbol eines Offenburger Künstlers mit dem Begriff »Heimat« ab, es ist eines von vielen Urban-Art-Exponaten im hallenartigen Industriegebäude. Murals, so heißen im Street-Art-Kontext Wandbilder, die ganze Häuserfassaden bedecken, und hier, im ehemaligen Umspannwerk, befindet sich nicht nur das Museum of Urban and Contemporary Art – sondern auch das Sterne-Restaurant Mural.

Am Kühlschrank feiert ein Aufkleber das Dreigespann »Sex, Drugs and Natural Wine«, der Sommelier trägt Bauklötzchen in der Westentasche, um bei Bedarf einen kippelnden Betontisch zu stabilisieren. Und doch erkennt man beim ersten Blick auf die präzisen Handgriffe von Joshua Leise, dass Lässigkeit so gar nichts mit Nachlässigkeit gemein hat. Seit 2018 ist der Münchner Küchenchef im Mural, 2020 kam der Stern, da war er 24. Davor arbeitete Leise in Münchens einzigem Drei-Sterne-Restaurant Atelier, damals unter Jan Hartwigs Führung (der 2022 am Königsplatz sein eigenes Lokal eröffnete, das »Jan«).

Die Küche im Mural ist einsehbar. Und so klein, dass es schwierig sei, zwei Gänge gleichzeitig zuzubereiten, erklärt Leise, der das Geschehen daher mitunter in den Hinterhof verlegt, wo neben den Kräuterpaletten mit Gewürztagetes, Bronzefenchel oder Ananassalbei ein Holzkohlengrill aufgebaut ist, für die Köfte vom Zicklein. »Wir bemühen uns, das ganze Tier zu verarbeiten«, nickt er, »also drehen wir das restliche Fleisch durch den Wolf.« Die Produkte seiner Karte kommen von Bio-Landwirtschaften der Region. Selbst die Garnelen für das Garnelentatar, präsentiert in einem winzigen Mürbteigkörbchen, mit Miso-Lauch-Creme und gepufftem Perl-Emmer, werden aus einer nachhaltig aufgebauten Aquakultur-Kreislaufanlage für Salzwassergarnelen im Landkreis Erding angeliefert. Schwelgen mit Statement, nichts Geringeres ermöglicht Leises Team. Und das – Pardon – ist die Mural von der Geschicht.

**Adresse** Hotterstraße 12, 80331 München, Tel. 089/23023186 | **ÖPNV** alle S-Bahnen, U 3, U 6, Haltestelle Marienplatz | www.muralrestaurant.de

# 79__Nawa
*Zuckersirup-Zufluchtsort*

Eigentlich kennen die Münchner ihre Landwehrstraße im südlichen Bahnhofsviertel als »Little Istanbul« mit türkischen Supermärkten, Schnellimbissen, Banken und Reisebüros. Zur Hausnummer 31 würde allerdings besser der Name Klein-Damaskus passen. Steht man vor der Bäckerei Nawa, kann man kaum ins Innere schauen, ragen im Schaufenster doch eindrückliche Zuckerbäckerei-Türme empor. In sorgsamer Symmetrie sich nach oben verjüngend, sind sie zu zuckersirupgetränkten Kunstwerken gestapelt. Und mitnichten nur Dekoration, wie Geschäftsführer Mohammed Abdel Karim erklärt: »Die Türme werden jede Woche ein, zwei Mal frisch aufgebaut – und dann für den Verkauf abgetragen.«

Karim selbst ist Kurde aus Kirkuk, doch fast alle seine Mitarbeiter sind Syrer, viele davon aus der Heimat geflüchtet, und arbeiten nun im Nawa, was im Kurdischen »Zufluchtsort« bedeutet. Syrer gelten als Meister des vorderasiatischen Backwerks, mit dem Slogan »Süßigkeiten aus Damaskus« wurde das Schaufenster folgerichtig beklebt. Und während es bereits an gewöhnlichen Tagen nicht leicht ist, sich zu entscheiden zwischen dem Rosenwasser-Konfekt Ballurria, den Engelshaar-Kreationen mit aus Mehl und Maisstärke feinst gesponnenen Fadennudeln, den mit Frischkäse gefüllten Grießteig-Mozzarella-Röllchen Halawet el-Jibn oder dem klassischen Blätterteig-Baklava – von Zuckersirup gesättigt und mit gehackten Pistazien gefüllt und bestreut –, wird es zum Zuckerfest oder an Weihnachten noch schwieriger, wenn 50 verschiedene Sorten miteinander um die Gunst der Kundschaft wetteifern.

Dem hiesigen Geschmack geschuldet, wird vorrangig mit Pflanzen- statt dem üblichen Tierfett gearbeitet. Und im Gegensatz zu türkischer Baklava, erklärt der Nordiraker, werde syrische Baklava auch ohne Ei zubereitet: »Man kann die Süßigkeiten daheim also problemlos vier Wochen aufheben.« Zumindest theoretisch – in der Praxis halten sie meist doch nur wenige Stunden.

**Adresse** Landwehrstraße 31, 80336 München, Tel. 0176/62103383 | **ÖPNV** alle S-Bahnen, U 1, U 2, U 4, U 5, U 7, Haltestelle München Hauptbahnhof | www.facebook.com/Schirini-Nawa-315365585273118

## 80 Nikkei Kitchen
*Wolfsbarsch und Tigermilch*

Japanisch gekocht, aber mit peruanischen Zutaten – so entstand vor über 120 Jahren die kulinarische Spielart Nikkei Kitchen aus der Fusion zweier Landesküchen. Wanderarbeiter aus Japan benutzten für ihre heimischen Rezepte die aromatischen Gewächse des Andenstaats, etwa Limetten, Chilischoten, Mais, Kartoffeln. Dank des Reichtums an Gemüsen, Früchten und Fisch sowie der Experimentierlust seiner Chefköche geriet Peru generell in den Fokus von Food-Touristen. Und die Nikkei-Küche eben auch.

Nach ihr benannte Michael Cánepa sein Restaurant. Der Peruaner lernte an der Kochschule Cordon Bleu Peru, seine weitere Ausbildung führte ihn etwa ins Zwei-Sterne-Restaurant des Bulli Hotels Hacienda Benazuza zu den Menüs von Molekularküchen-Mitbegründer Ferran Adrià. In seinem Schwabinger Lokal bereitet der Enddreißiger allerdings keine Espumas zu, dafür viel rohen Wolfsbarsch. Den mariniert er fürs Ceviche mit Leche de Tigre, einer Beize aus Limettensaft, Koriander und Chili. Crunch erhält das Gericht durch geröstete Körner vom Andenmais. Für sein Ceviche verwende er Produkte, die ihn geschmacklich am ehesten an daheim erinnern, erklärt der Gastronom. Die Rosé-Zwiebel aus dem Friaul, die »Cipolla Rosa«, die süß ist und sehr mild, passe hervorragend dazu, erzählt der Koch. Und bekomme er die Chilisorte Aji Amarillo nicht, nehme er eben scharfen Habanero. Nur Limetten aus Peru seien ein Muss, räumt er ein: »Die haben mehr Säure, mehr Wumms im Mund, man spürt es auf dem hinteren Teil der Zunge.«

Auch Cánepas Bao Buns sind hausgemacht. Die fluffigen Hefeteigtaschen füllt er mit Fleisch aus der Rinderrippe, das 36 Stunden lang bei 73 Grad Celsius im Ofen geschmort wurde, »bis es quasi zerfällt«. Und zwar in südamerikanischer Aji-Soße mit Chili, Koriander, Zwiebeln, Kreuzkümmel und Bier. Letzteres unbedingt bayerisch, lacht er. Womit es zur fernöstlich-peruanisch-bajuwarischen Fusion wird. Und was sollte das noch toppen?

Adresse Herzogstraße 86, 80796 München, Tel. 0176/88479259 | ÖPNV U2, Haltestelle Hohenzollernplatz | www.nikkei.kitchen

# 81 Palmi Café
*Süßer Süden*

Wenn man sich am südwestlichen Zipfel des Englischen Gartens aus dem Grün heraus in Richtung Universität bewegt, kommt man an der Pasticceria der Sardin Rita Manca und ihres sizilianischen Ehemanns Giuseppe d'Anna vorbei. Hier sind Naschereien dicht an dicht gesetzt, in farbenfroh-festiver Manier, wie man es aus den schönsten Konditoreien Italiens kennt: hausgemachte sizilianische Cannoli mit wahlweise Ricotta oder Vanillecreme in den frittierten Teigrollen, Sfogliatelle aus aufgefächertem Blätterteig samt Frischkäsefüllung mit Orangenblütennote, die sizilianischen Mandelkekse Paste di Mandorla. Daneben Trompe-l'œil-Torten, die so echt wirken, dass man in die kunstfertig zuckerbesohlten Pumps oder Budapester glatt hineinschlüpfen möchte.

Bereits die Großmutter von Rita Manca war *pasticciera* (Konditorin) im Süden Sardiniens. »Sie hat mir ihr Rezeptbuch geschenkt und mich ermuntert, auch ein Geschäft zu eröffnen.« Heute ist die Unterschrift von Nonna Palmi aus dem Backbuch das Café-Logo des jungen Unternehmerpärchens. Die schönste Idee stammt aber nicht aus dem Buch, sondern von der Neu-Münchnerin selbst: mit Eis gefüllte *tortine* (Törtchen) mit einem Kern aus dem wunderbaren Eis vom ebenfalls in München angesiedelten Betrieb »Gelato del Fiore«, in dem ausschließlich Zutaten aus der biologischen Landwirtschaft verwendet werden.

Nur eine Minute brauchen die Biscotto-Eis-Törtchen aus der Tiefkühlvitrine, dann sind sie weich genug für den Verzehr. Mancas Lieblingskombination ist jene aus piemontesischem Haselnusseis von der »Tonda Gentile delle Langhe« und weißem Schokoladenüberzug, bestreut mit gerösteten Haselnüssen, selbstredend ebenfalls aus der Alta Langa. Mitten hinein ins Schwelgen singt die italienischstämmige Schlagersängerin Dalida vom Liebesglück in Portofino. Canzoni d'Italia, Schuhe und Nüsse aus dem Piemont. *Ah sì!* Dies muss die nördlichste Stadt Italiens sein.

**Adresse** Königinstraße 37, 80539 München, Tel. 089/74049482 | **ÖPNV** U3, U6, Haltestelle Universität | www.facebook.com/palmicafepasticceria | **Tipp** Inzwischen gibt es ein weiteres Palmi in der Franz-Joseph-Straße 33, 80801 München.

# 82 __ Papazof's
*Münchner Meeresbrise*

Ein Innenhof zwischen Lastwägen, Laderampen und Lagerhäusern, ringsum bestimmt Ziegelarchitektur aus dem letzten Viertel des 19. Jahrhunderts das Stadtbild. Damals entstanden im Zuge hygienischer Maßnahmen die Schlacht- und Viehhöfe. Bis heute befindet sich in dieser Gegend, rund um Großmarkthalle und Schlachthof, der Bauch von München. Auch die Kühllager des Griechen Georgios Papazof sind hier angesiedelt, seit 45 Jahren arbeitet der Großhändler mit Fisch. Vor rund 15 Jahren kam eine kleine Taverne hinzu – seither landen Langusten, Seezunge und Schwertfisch auch auf dem Grill des Papazof's.

Wer draußen sitzt, an blau-weiß karierten gedeckten Tischen, genießt die Hinterhofatmosphäre. Alles ist entspannt, nur den Wirt kann man nicht nach seinem Lieblingsfisch fragen, ohne ihn ins Dilemma zu stürzen. Das ändere sich mehrmals am Tag, es sei eben immer der Fisch, den er gerade esse, ob Steinbutt, Loup de mer, Dorade oder Calamari. »Ich esse jeden Tag nur Fisch«, erklärt Papazof. Mit Gemüse oder Salat. »Wir importieren extra auch die griechischen Tomaten.«

Serviert wird das Meeresgetier ohne Chichi. Ein lauwarmer Oktopusarm kräuselt sich auf dem Teller, in Szene gesetzt mit nichts als Kräutern und Olivenöl. Noch mehr Meer gibt es bei gratinierten Jakobsmuscheln in halber Schale, den Sardellen aus der Pfanne, dem Duett aus Wildfang-Gambas und Seezunge vom Grill. Und bei so leichter Küche muss man auch nicht aufs Dessert verzichten, auf den saftigen, zuckersirupgetränkten Grießkuchen Revani etwa.

Fürs rechte Lebensgefühl hat Giorgios Papazof eine goldene Regel: »Draußen sitzen, eine schöne Vorspeise, guter Fisch, ein schöner frischer Wein.« Und ja, das Voralpenland entschwindet, die sanfte Brise flüstert leise »ahoi«. Vielleicht treibt auch nur der Retsina seine Späße, aber was macht das schon, wenn man das Meer dafür schon fühlen kann, auf diesem Innenhof zwischen Lastwägen, Laderampen und Lagerhäusern.

**Adresse** Zenettistraße 11, 80337 München, Tel. 089/729894520 | **ÖPNV** Bus 62, Haltestelle Zenettistraße | www.fischlokal-muenchen.de

# 83 Pfistermühle
*Rieslingschaum und Rosmarinstaub*

Bis ins 16. Jahrhundert reicht die Geschichte der Pfistermühle zurück. Erbaut als Mühle des bayerischen Herzogs, versorgte der Betrieb dessen Hof mit Getreide, Mehl und Brot. Darauf verweist schon der Name, der sich vom Lateinischen »pistor« ableitet – was Bäcker bedeutet. Anfang des 20. Jahrhunderts wurde der vorbeirauschende Pfisterbach zwar leider überbaut, der wilde Wein jedoch, der die Außenmauern des jetzigen Restaurants überwuchert, nährt sich weiterhin aus dem unterirdischen Bachlauf.

Der Historie geschuldet, verpflichtet sich die Küche der Pfistermühle handwerklichen Tugenden. Küchenchef Tino Nawrocki greift auf regionale Hersteller zurück, sei es die mitten in München produzierende Brotmanufaktur Schmidt oder die nachhaltige Fischzucht Birnbaum nahe dem Ammersee, die auch Sterneköche beliefert. Das Saiblingsfilet brät Nawrocki in Nussbutter, es wird von Rieslingschaum, lauwarmem Zucchinisalat und Saiblingskaviar-Perlen begleitet. »Eine sensationelle Qualität«, schwärmt er. »Die Fische haben Zeit zu wachsen, sie bewegen sich viel und schwimmen in frischem Quellwasser.« Zur weiteren Intensivierung des Geschmacks steckt eine Pipette mit Orangenbutter im Filet. »Die Butter klären wir, darin zieht eine kandierte Orange über Nacht«, erläutert der Küchenchef und fügt an: »Den Inhalt kann man in den Fisch spritzen oder darüberträufeln.«

Dass Köche heutzutage nicht nur den Gaumen, sondern auch den Geist verführen wollen, beweist der gebürtige Kamenzer auch bei der mit kräftigen Rosmarinaromen sous-vide gegarten Entenbrust. Die Ente liegt auf frisch gebackener Brioche, der Teig ist parfümiert vom fein gemörserten Wacholder. Preiselbeergel besprenkelt tröpfchenweise die Komposition, und über all das hat Nawrocki Rosmarinstaub verteilt, aus Rosmarinöl, mit Maisstärke und Salz gebunden. »Die Kunst geht nach Brodt«, schrieb einst Lessing, auch er ein Kamenzer. Und wo sollte dieser Satz besser passen als in der Pfistermühle?

**Adresse** Pfisterstraße 4, 80331 München, Tel. 089/23703865 | **ÖPNV** alle S-Bahnen, U 3, U 6, Haltestelle Marienplatz | www.pfistermuehle.de

# 84 Rheinpfalz
*Brass und Bratkartoffeln*

Seit über 50 Jahren führt Hans Karp nun die Rheinpfalz. Dabei sei es nicht sein Plan gewesen, betont der Endsiebziger, »dienstältester Wirt Schwabings zu werden«. Und fast hätte das Dasein als Kneipier Anfang 2021 ein jähes Ende gefunden – ohne die medienwirksame Unterstützung von Prominenten und Freunden des Hauses wäre der Pachtvertrag wohl nicht verlängert worden. Doch so kann Karp weiterhin zur »Schwabinger Artenvielfalt« betragen. Bei ihm gehen Professoren, Bildhauer, Kabarettisten und Musiker ein und aus. Der Gastronom witzelt gern, die Rheinpfalz sei die Gaststätte mit dem höchsten IQ in der Stadt, schon dank seiner steten Pflege dieser »Kneipen-Intelligenzija« – bis vor Kurzem war selbst die Köchin studierte Politologin.

Die musste zwar aufhören – »der Rücken«, so der Wirt –, den neuen Koch habe sie aber noch eingelernt. Es gibt also weiterhin hervorragende butterglänzende Bratkartoffeln mit frischen Frühlingszwiebeln zum Wiener Schnitzel. Weiterhin viel Chili auf der dünn geklopften Rinderlende »Battuta alla diavola«, Rahmspinat zu Spiegelei oder Bauernsülze. Hinter dem Tresen liegt eine Trompete, auf der Karp mitunter Ständchen spielt, mitten im Gastraum steht ein Klavier. Musiker kommen regelmäßig vorbei, bei guten Darbietungen zieht Hans Karp an der Glocke überm Tresen: »Bei einem besonders gelungenen Solo sogar vier bis fünf Mal«, freut er sich, »das ist die Anerkennungs-Glocke.«

Wenn es das Rheinpfalz nicht gäbe, er wüsste nicht, wohin, beklagt ein Stammgast die künstlerfeindlichen Konditionen der jüngsten Stadtviertelentwicklungen. Wegen der hohen Miete sei er inzwischen weggezogen, keiner seiner Freunde lebe mehr hier. Und dennoch, so der Grafiker: »Der Mythos Schwabing ist nicht totzukriegen.« Auf jeden Fall nicht, solange es Orte wie die Rheinpfalz gibt. Zeit für die Anerkennungs-Glocke in eigener Sache. So ein bisschen Selbstbeweihräucherung hat in München schließlich noch keinem geschadet.

**Adresse** Kurfürstenstraße 35, 80801 München, Tel. 089/2710698 | **ÖPNV** U 3, U 6, Haltestelle Giselastraße; U 2, Haltestelle Josefsplatz | www.rheinpfalz-schwabing.de

# 85 Ringlers Foodtruck
*Bayerisches Streetfood*

Richtig bekannt sind die Ringlers für ihre Grillsandwiches. Ganz zuvorderst: der Ox mit frisch gegrillten Ochsenfetzen, Salat, Tomate und dem hausgemachten Spezialsenf in einer Bio-Krustensemmel. Brot und Fleisch von bayerischen Familienbetrieben, so lautet das Ringlers-Credo. Deshalb kommt die handgeschlagene Semmel von der Münchner Öko-Bäckerei Mauerer und die marinierten Ochsenfetzen vom Wasserburger Landmetzger Gassner. Gegrillt wird im Foodtruck, und Minuten nach der Bestellung ist der Ox auch schon auf der Hand.

Dass Valerie und Martin Ringler hier nicht nur einfach einen rollenden Imbiss betreiben, merkt man schnell am anspruchsvollen Konzept – und ihrer Vita. Die beiden lernten sich im Düsseldorfer »Schiffchen« kennen, als es noch ein Drei-Sterne-Restaurant war. Sie wurden zum Paar und perfektionierten ihr Können gemeinsam in San Francisco, St. Moritz und einem Fine Dining Restaurant in Sydney, um schließlich im Unternehmen des Fernsehkochs Holger Stromberg zu landen.

2012 eröffneten sie ihren eigenen Laden in der Sendlinger Straße. Den haben sie in den Nachbeben der Pandemie zwar inzwischen zugemacht, aber seither bringen sie den Ox, den Lauginger (mit gegrilltem Schweinebauch, selbstgemachter Chili-Limetten-Mayo und scharf gewürztem Krautsalat) oder die Veggie-Variante mit gegrillten Zucchini und Ziegenkäsecrème eben fahrendweise an ihr hungriges Publikum. So findet man sie und ihr Streetfood in München dreimal im Jahr zur Auer Dult am Mariahilfplatz, im Sommer beim Tollwood-Festival am Olympiapark oder auch beim Winter-Tollwood auf der Theresienwiese. Selbst bis Luzern, Zürich oder Berlin eilt der Ruf des Ox bereits. Und der Foodtruck rollt und rollt. Was das Schönste am Arbeiten *on the road* sei? Martin Ringler zögert nicht mit der Antwort: »Die tägliche Abwechslung, die Herausforderungen und die unkomplizierte Interpretation von Dienstleistung.« Und das Allerwichtigste: »Geschmack muss nicht kompliziert sein.«

Adresse Tel. 0151/21288877 | www.ringlers.net | Tip Natürlich kann man den Foodtruck der Ringlers auch für private Caterings buchen.

# 86 Ristorante Cleo

*Con molto amore: Liebesgrüße aus Laim*

Zufällig gerät man wohl kaum in das kleine Cleo in Münchens Südwesten. Laim, hauptsächlich ein Wohnviertel, ist nicht gerade für seine Restaurantdichte bekannt. Aber wer braucht schon andere Lokale, wenn es ein so ausgesucht klassisch italienisches Ristorante in der Nachbarschaft gibt? Weiße Zierlilien und Anthurien in Keramiktöpfen schmücken das Marmorbord über der Heizung im tief gezogenen Fenster zur Terrasse. Gesteifte weiße Servietten formen aufgefächerte Ziehharmonika-Halbmonde auf den Tischen, Grissini-Päckchen lugen unter dem aufgeschlagenen Stofftuch des Brotkorbs hervor. Auf der Tafel über der Bar sind immer wieder neue kulinarische Weisheiten zu lesen. Im Moment, übersetzt ins Italienische, ein Zitat George Bernard Shaws: »Es gibt keine ehrlichere Liebe als jene zum Essen.«

Und »*amore sincero*« wird hier auch zelebriert. Mit der ausgelösten Wachtel mit Kürbis und schwarzem Trüffel etwa, die ausgezeichnet mit einem vollmundigen Barbera d'Alba harmoniert. Oder der Sepia mit der Semmelbröselhaube. Dafür wird der Tintenfisch mit einer geschmacksintensiven Masse aus Brotkrumen, Pinienkernen, Rosinen und Zitronensaft überbacken und mit frischem Dill, Thymian und Wildem Fenchel ausgarniert sowie in etwas Sugo aus Kapern, Datteltomaten und Oliven (natürlich alles aus Sizilien, sì, sì, denn von dort kommen die beiden betreibenden Familien Frisina und Castronovo) drapiert und kompositorisch austariert um einen intensiv schwarz glänzenden Klecks Sepiatinte in der Tellermitte angerichtet. Die Küche hat Spaß – und der Teller »*bellezza*«.

Auf seinem *telefonino* hat Mitbetreiber Gioacchino Castronovo den vorherigen Spruch der Bar-Tafel gespeichert. »Es lässt sich nicht gut denken, gut lieben oder gut schlafen, wenn man nicht gut gegessen hat«, wird Virginia Woolf hier zitiert. Nun, die Equipe im Cleo tut wirklich alles für so wenig Unbedachtsein, Liebesleid oder Müdigkeit wie möglich in der Nachbarschaft. Ach, glückliches Laim!

Adresse Genovevaweg 31, 80689 München, Tel. 089/56825114 | ÖPNV Tram 19, Haltestelle Willibaldplatz | www.cleo-ristorante.de

# 87 __ Royal Cookhouse Pizzeria
*Geschmack auf Italienisch. Griechisch. Georgisch.*

Drei Lieblingsküchen habe er, erzählt Herakles Lontaritze: die georgische, die griechische, die italienische. Ein eigenes Lokal mit all seinen Lieblingsgerichten sei schon immer sein Traum gewesen. Und genau den hat er auch realisiert: Die Royal Cookhouse Pizzeria ist bereits das zweite gastronomische Konzept, das der junge Mann mit griechisch-georgischen Wurzeln mit Hilfe seiner Familie in München eröffnet hat. Neben dem Mutter-Sohn-Business Royal Healthy Slices (siehe Kapitel 88) betreibt er diese Lokalität mit seinen Schwestern Nina und Sophia.

Und einem »talentierten Pizzaiolo aus Italien natürlich«, wie er anmerkt. Das Teigrezept sei allerdings georgisch, von seiner Mutter: »Das habe ich modifiziert, damit es für Pizza funktioniert«, erklärt er. Die eigene Lieblingspizza? Eine »Mortazza«, begeistert er sich: »pizza bianca«, also ohne Tomatensugo, dafür mit nicht in Lake gelagertem, trockenerem Mozzarella Fior di Latte, wie man ihn auch in den Pizzerien Neapels verwendet, da er Boden und Geschmack nicht verwässert. Nach dem Backen wird die Pizza mit Mortadella und Burrata belegt, mit gerösteten Pistazien und hausgemachtem Pistazienpesto übersprenkelt – wenn man ihn nach einer Empfehlung frage: »Die Antwort ist immer Mortazza!«

Das Nationalessen der Georgier bereitet seine Schwester Nina zu: Khinkali. Die würzig gefüllten Teigbeutelchen solle man mit der Hand essen, wegen der aromatischen Brühe darin: »Die macht bestimmt die Hälfte des Geschmacks aus.« Es heißt also: vorsichtig anbeißen, den heißen Saft aussaugen – und dann erst verspeisen, mitsamt dem Hack (oder Kartoffelbrei für Vegetarier), Koriander, Knoblauch und Gewürzsalz mit Wildkräutern aus dem Großen Kaukasus.

Griechische Gerichte findet man als Vorspeisen auf der Karte, geräucherten Auberginensalat etwa. Und nun stellt sich nur noch die Frage, warum es eigentlich gedauert hat, bis in München eine italogreco-georgische Küche eröffnet wurde. Aber gut. Jetzt ist sie ja da.

**Adresse** Belgradstraße 47, 80796 München, Tel. 089/30005486 | **ÖPNV** U 2, Haltestelle Hohenzollernplatz | www.facebook.com/royalcookhousepizzeria

# 88 Royal Healthy Slices
*Königlicher Kiosk*

Eines Nachts, erinnert sich Herakles Lontaritze, sei er in einem Schnellrestaurant am Stachus gesessen, und der Burger dort habe ihn einfach nicht glücklich gemacht. Seinen »Heureka-Moment« nennt das der Mittdreißiger mit griechisch-georgischen Wurzeln. »Ich suche mir einen kleinen Laden und hole Mama«, habe er sich damals gedacht. »Mama kennt die Soßen, die Zubereitungen, die Brotteige.« Seine Idee: »Wir machen auch was auf die Hand – aber eben richtiges Essen.« Nach dem der Gast sich »königlich fühlt«. Außerdem koche seine Mama immer mit frischen Zutaten – und immer portioniert in Stücken: »So ist der Name für unseren Imbiss entstanden.«

Nun arbeitet der studierte Jurist also mit »Mama Maria« in einem Neun-Quadratmeter-Imbiss mit Fenster zum Schwabinger Hohenzollernplatz. Die Fassade unter der gestreiften Markise ist plakatiert mit Speisetafeln voller klingender, aber wenig bekannter georgischer Teigfladengerichte: mit Käse überbackene Chatschapuri, mit Bohnen und frischem Koriander gefüllte Lobiani und natürlich die geschmacksstrotzenden Meshkuri, runde, nach oben offene Teigtaschen mit georgischen Gewürzen, Hackfleisch und einer Mischung aus Mozzarella, Feta und dem traditionellen Salzlakenkäse Sulguni. So befüllt, werden die Meshkuri im Ofen überbacken, danach mit Salat, Zwiebeln, Tomaten und Dressing bedeckt und noch ganz warm aus dem Fenster gereicht.

Unten käsefädenziehendes, saftiges Comfort-Food, oben gemüseknackigfrisch, trägt es das »königlich« aus dem Kiosknamen zu Recht. Diese Art von Essen auf der Hand royal-würdevoll zu verspeisen gelingt allerdings nicht so leicht. Er selbst habe Meshkuri noch nie vor Publikum gegessen, winkt der junge Unternehmer ab, er bekleckere sich immer. Viel Zeit fürs Wäschewaschen dürfte Mama Maria nicht bleiben. Jeden Morgen knetet sie frischen Teig: »Hefe, Salz, Wasser, Mehl, Hände und Liebe«, sagt ihr Sohn. Und gerade diese letzte Zutat, die schmeckt man ganz genau heraus.

# Royal Healthy Slices

**Adresse** Hohenzollernplatz 4, 80796 München, Tel. 089/23023702 | **ÖPNV** U 2, Haltestelle Hohenzollernplatz | www.royal-healthy-slices.business.site

# 89 Rumpler
*Das Wirtshaus zur zünftigen Zeitreise*

Sein Lokal sei wie eine kleine Zeitreise, nickt Fabian Seidlmeier: »Wie ein Münchner Wirtshaus von vor hundert Jahren: Wo man herkommt, um zu essen, Karten zu spielen, für Feiern.« Seine Gäste wissen, dass es hier richtig gute bayerische Hausmannskost gibt, einen sehr g'schmackigen Schweinebraten etwa, in tiefdunkler Sauce und rescher Kruste auf dem großzügigen Bratenstück. Kartoffeln, Salat und Gemüse kommen direkt vom Bauern aus Hallbergmoos. Pilze und die kleinen Heidelbeeren für den Schmarrn vom Viktualienmarkt. Und in der Küche schlampert man nicht mit Frische und Handwerk. Ob Spätzle oder Kartoffelsalat, alles ist handgemacht. Für letzteren und die buttrigen Bratkartoffeln müssen Tag um Tag 50 Kilo Erdäpfel geschält werden.

Seidlmeier hat das urige Rumpler gerade erst von der vorhergehenden Wirtin übernommen. Bei ihr war der Niederbayer einst als studentische Hilfskraft gelandet. Er habe schnell festgestellt, dass er lieber hinterm Tresen arbeite, als in die Uni zu gehen, resümiert der heutige Enddreißiger: »Ich habe meine Frau hier kennengelernt, ihr hier einen Antrag gemacht, hier haben wir Hochzeit gefeiert.« Heute wachsen seine Kinder in den Gasträumen auf: »Wir sind wirklich eine Wirtsfamilie.«

Dank eines Stammgasts mit Faible für Geschichte habe er einiges über sein Wirtshaus erfahren, freut er sich: Etwa dessen Gründung 1895. Und dass Anfang des 20. Jahrhunderts ein Joseph Rumpler, nach dem das Gasthaus bis heute benannt ist, hier Wirt wurde: »Es gibt viele Vermerke der Stadt München im Stadtarchiv«, lacht Seidleimer. »Etwa, dass es das am schlechtesten geführte Lokal der ganzen Stadt gewesen sein soll.« Das ist längst passé. Und alles andere darf ja ruhig so bleiben »wie früher«: Die Ruhe am Terrasseneck unter den Lindenbäumen. Die frisch angelieferten Augustiner-Fässer. Die jungen Pärchen, älteren Biertrinker, die Handwerker im Blaumann bei der Mittagspause an den Tischen. Ein Prosit bitte: auf das Rumpler.

**Adresse** Baumstraße 21, 80469 München, Tel. 089/20035278 | **ÖPNV** U1, U2, U7, Haltestelle Fraunhoferstraße | www.rumpler-augustiner.de

# 90 Rusticana
*Grillen mit Gefühl*

Es brauchte wohl einen Amerikaner, um Spareribs in München einzuführen: »Meine Vorgängerin hat das Rusticana eröffnet und 38 Jahre geführt. Ihr Lebenspartner war ein GI aus Louisiana«, erinnert sich Jutta Elst. Die Idee zu grillen sei der damaligen Wirtin gekommen – aber zu den Schälrippchen habe der hier stationierte Südstaatler geraten, rekapituliert die heutige Chefin die Lokallegende: »Die kannte keiner. Also zeigte er im Münchner Schlachthof, was genau er haben wollte. Und dann haben sie begonnen, hier Spareribs zu grillen.«

Bald belieferte der Großhandel von Familie Elst das Rusticana mit Fleisch. »So erfuhr ich, dass die Inhaberin aufhören wollte.« 2007 übernahm sie Personal und Küchengeheimnisse des Rusticana. Und verrät bis heute so wenig wie möglich. »Das ist natürlich ein Gesamtpaket«, wiegelt die Herrin des Grillhauses lachend Fragen zu Rezepturen ab. Die Tische biegen sich unter langen Holzbrettchen mit übereinandergeschichteten Rippchen, an denen köstlich eingedickte chili-honig-karamellisierte Soße klebt, die sich beim gierigen Reigen des Nagens und Trinkens an Fingern, Kinn und Biergläsern festsetzt.

Inzwischen liefert der Sohn der Chefin jeden Morgen aus seiner Metzgerei das schlachtfrische Fleisch. In der Früh werden die Schweinebauchrippen gewürzt, mariniert und mehrere Stunden dampfgegart, umreißt Elst die Vorbereitung. Die letzten Minuten passieren dann sowieso vor aller Augen: Links der Küchenschwingtür funkelt, ockergelb umkachelt, Grillkohleglut unter einem langen Rost. Darauf grillt Bauchrippe an Bauchrippe, satt mit Barbecuesoße eingestrichen. »Die Hitze hält normalerweise den ganzen Abend«, erklärt die Gastronomin. »Unser Kaminkehrer schätzt, dass sich Temperaturen um die 800 Grad entwickeln.« Eine Herausforderung ist das Grillen am höchstwahrscheinlich ältesten Barbecuegrill Münchens auch 50 Jahre nach der Restaurantgründung noch, hebt Jutta Elst hervor: »Den kannst du nur mit Gefühl bedienen.«

**Adresse** Grillparzerstraße 5, 81675 München, Tel. 089/4703887 | **ÖPNV** Tram 21, N 19, Haltestelle Haidenauplatz | www.rusticana.de

# 91 Saluki
*Pizza und Tae-Kwon-Do*

Ein Saluki ist ein persischer Windhund – ein recht ungewöhnlicher Name für diese recht ungewöhnliche Pizzeria mit koreanisch durchsetzter Karte. Bis Pizzaiolo Florian Klumpp von seinem Tae-Kwon-Do-Unterricht bei Meister Seo Yoon Nam erzählt: »Der sagte immer zu mir, ich sei so dünn wie ein Saluki.« Und jetzt gibt es also nicht nur Pizzen auf der Karte, sondern eben auch hausgemachtes Kimchi mit Frühlingszwiebeln, und unter der Markise des Lokals wächst bücheweise Kkaennip aus alten Tomatendosen. Gerade tüftle er an einem Rezept mit Pizza, Kimchi und ebendieser Sesampflanze, deren Blätter man in Korea als Salat verzehrt, erzählt der Gastronom: »Ich glaube, so etwas gab es noch nie.«

Klumpp trägt schwarz-weiß karierte Bäckerhosen, gerade hat er eine Pizza Pesopeo mit Salsiccia und gegrilltem Fenchel auf die Terrasse gebracht, hinter ihm verlassen Kunden mit Pizzakartons seinen Laden, Schwaden von Basilikum hängen in der Luft. Wer keine Pizza möchte, bestellt vielleicht Oktopussalat mit frischem Koriander, Sellerie und Weinbergpfirsich. Der Pfirsich ist so saftig, dass er – perfekter Gegenpart zum kernigen Oktopus – im Mund einfach zerplatzt, Apfelkapern sorgen für den salzigen Kick. Gegenüber des Saluki befindet sich die mit lokalen Erzeugern besetzte Gärtnerhalle des Großmarkts. »Da kaufe ich jeden Morgen ein«, so der Restaurantbesitzer, »wahrscheinlich war der Koriander gestern noch auf dem Feld.«

Noch heute liegt im Saluki ein Buch seines Lehrers aus. Wer in »Meister Seos Anleitung zum Glücklichsein« liest, findet darin die Übung »Das unsichtbare Oktoberfest«, bei der man sich vorstellt, unter einem umgedrehten, mannshohen Bierkrug zu stehen. Zielsetzung ist, die Glasinnenseite rundum mit beiden Händen auszuwischen – was laut Buch »so bewusstseinserweiternd wie eine Maß Bier« sei. Nun, vielleicht bestellt man auch einfach noch ein Helles. Glücklich sein ist in München einfach leichter als anderswo.

**Adresse** Thalkirchner Straße 130, 81371 München, Tel. 0176/63264789 Uhr | **ÖPNV** U 3, U 6, Haltestelle Implerstraße | www.facebook.com/salukipizza

# 92\_\_Schmalznudel – Café Frischhut
*Open Kitchen und bedeckte Knie*

Als Allererstes räumt Andreas Frischhut mit einer Legende auf: Seine Schmalznudeln werden mitnichten übers Knie gezogen, obwohl dieses Hefegebäck ja mancherorts sogar »Knieküchle« genannt wird, weil der Teig in der Mitte dünn ausgezogen ist und dafür außen schön wulstig bleibt – eine Beschaffenheit, die man mit Hilfe eines breiten Bäckerknies formgewandt erreichen würde. Doch nicht im Café Frischhut.

»Es gibt sicher Leute, die's so machen. Aber die produzieren dann eben auch nur fünf Stück am Tag.« Und sowieso wäre die Arbeit am Knie mit den hygienischen Auflagen nicht zu vereinbaren. Dennoch entstehen auch in der »Schmalznudel«, wie jeder Hiesige das Café nennt, die »Auszognen« selbstredend in Handarbeit, sind am Rand teigig-dick und im Fenster dünn und knusprig. Hier mittig wird hingezuckert, das machen die Gäste am Tisch. Oder eben nicht. Etwa die Hälfte wolle keinen Zucker, schätzt der Bäckermeister, das seien die Puristen.

Im ersten Stock des Cafés befindet sich die Backstube, die fertigen Hefeteiglinge werden ins Erdgeschoss geschickt und dort, in heißem Sonnenblumenöl schwimmend, im Schaufenster ausgebacken: »Das heißt jetzt so schön ›Open Kitchen‹«, grinst der Unternehmer, »wir machen das aber seit der Eröffnung 1973 so.«

Im kleinen Hinterhof stehen baumbeschattete Tische, eine gefühlte Weltreise entfernt von sturmklingelnden Radfahrern und belebten Bushaltestellen an diesem Eck von Viktualienmarkt und Schrannenhalle. »Wenn man hinten sitzt, ist es so ruhig, dass man das Glockenspiel vom Rathaus hören kann«, nickt Frischhut. »Viele Stammgäste sagen mir, ich solle bloß niemandem erzählen, dass hinten auch noch eine Terrasse ist.« Herrje, kurz nicht aufgepasst – und schon ist es raus. Dabei sollte man doch nichts übers Knie brechen. Oder ziehen. Und eben ganz besonders nicht im Café Frischhut.

Adresse Prälat-Zistl-Straße 8, 80331 München, Tel. 089/26023156 | ÖPNV alle S-Bahnen, U 3, U 6, Haltestelle Marienplatz

# 93 Shandiz
*Tausendundeinmal Reis und Kabab*

Auf dem Weg hierher könnte man sich entlang der Dachauer Straße bereits in Stimmung kaufen: handgewirkte Seidenteppiche aus dem zentraliranischen Ghom, importiertes Süßgebäck, der richtige Kocher für duftigen persischen Reis. All das findet sich auf dem Weg ins Shandiz, man wird also vorbereitet auf das vorderasiatische Erlebnis.

Wenn Perser ihre deutschen Freunde ins Lokal mitbrächten, würden sie meist den Bohneneintopf Ghormeh Sabzi empfehlen, erzählt Restaurantbesitzer Amin Salehi. »Ghormeh« bedeutet auf Farsi Eintopf, »Sabzi« steht für die Kräuter in der Soße aus Koriander, Bockshornklee, Petersilie sowie Spinat und getrockneten Limetten, in der das Lammfleisch schmort. Dazu wird Reis serviert. Und nicht irgendeiner – das Restaurant bewirbt ihn als »besten Reis der Stadt«: mit kandierten Orangenschalen und kandierten Karotten, Mandeln, Rosinen, Berberitzen, mit Safran oder Dill bestäubt.

Salehi würde deutschen Gästen allerdings eher Gheymeh Bademjoon empfehlen, da sei kein Koriander drin, lacht er: »Den mögen Deutsche oft nicht so.« Also bringt er zum Safranreis lieber geschmorte Lammfleischstücke mit gelben Erbsen, in Tomatensoße mit getrockneten Limetten gekocht, zuletzt kommt gebratene Aubergine hinzu. In der persischen Esskultur habe sich durchgesetzt, dass Perser auswärts essen, was sie zu Hause nicht kochen können. »Deswegen ist das Shandiz in Grillgerichten stark«, nickt er. Seine Fleischspieße sind vielfältig: Kabab Kubideh, die gegrillten Hackfleischspieße von Lamm und Rind, das marinierte Hähnchenbrustfilet Kabab Djudje oder das schärfere Kabab Tekka mit zuvor in Knoblauch-Joghurt-Soße eingelegtem Lammfleisch.

Safran erwirbt Amin Salehi im Iran. »Im Großen Basar von Teheran gibt es eine Allee nur mit Safranverkäufern«, schwärmt er. Nun, sollte ihm das Gewürz doch einmal knapp werden, muss er nur aus seiner Tür treten. 1.001 Schritte die Dachauer Straße entlang – mehr sollte er nicht brauchen, um fündig zu werden.

**Adresse** Dachauer Straße 50, 80335 München, Tel. 089/59947986 | **ÖPNV** Haltestelle U 1, U 7, Stiglmaierplatz | www.shandiz.de

## 94 Sorry Johnny
*French Toast, Florentiner Eier – und flüssiges Gold*

Jeder, der in die kleine Kaffeebar kommt, weiß vom French Toast aus hausgemachter Brioche. Und jeder, der davon weiß, kommt schon allein deswegen hierher: Die goldgelben Scheiben, der zarter Duft von Zimtzucker in der Nase, der cremig aufgeschlagene Ricotta und die hausgemachte Marmelade dazu. Wem morgens nach einer Umarmung ist, der muss eigentlich nur dieses Frühstück bestellen. Und so ist es für Johannes Rühl, der das Sorry Johnny gemeinsam mit Katrin Brüggemann und Florian Vogt betreibt, Ehrensache, das Brioche dafür selbst zu backen. Auch, weil er zuvor in einer Bäckerei gearbeitet hat. Und zwar nicht irgendeiner, sondern beim Münchner Brotguru Julius Brantner. »Lange Teigführung«, gibt er das Stichwort, »so wird die Brioche feinporiger und intensiv-hefig.« Fast 24 Stunden müsse man dem Teig schon Zeit lassen, erklärt der junge Mann: »Daher kann ich auch nicht schnell reagieren, wenn der French Toast aus ist.« Je nach Saison gibt's eine andere, ebenfalls selbstgemachte Marmelade dazu. »Wir pflücken sogar unsere Heidelbeeren selbst im fränkischen Forst. Waldheidelbeeren sind nämlich nicht zu vergleichen mit Kulturheidelbeeren, sondern viel aromatischer.«

Wer nicht wegen French Toast kommt, bestellt vielleicht die Eggs Florentine, den Spinat dazu »mit Gefühl sautiert«, nickt Rühl, um die Struktur zu erhalten. Und legefrische Eier seien genauso wichtig, stellt der junge Mann den Qualitätsanspruch der Kaffeebar heraus: »An dem Tag, an dem sie gelegt werden, kommen sie zu uns.« Denn: »Nur ganz frisch gelegte Eier behalten pochiert diese perfekt-ovale Eiform«, erklärt er und gibt zuletzt seidige Sauce Mornay über Ei, Spinat und Brot: »Die wird wie Béchamel zubereitet, aber mit geriebenem Hartkäse gebunden.« Saucen fände er überhaupt sehr spannend, fügt Rühl hinzu, »Das flüssige Gold der Küche.« Zuerst die Umarmung, dann mit Gold beschenkt. Mal ehrlich: Wo könnte man den Tag besser beginnen.

**Adresse** Preysingstraße 42, 81667 München, Tel. 089/23713041 | **ÖPNV** S2, S3, S4, S6, S8, Haltestelle Rosenheimer Platz; Tram 15, 19, 25, N19, Haltestelle Wörthstraße | via Instagram: sorry.johnny

# 95 __ Soy
*Soja, ja, ja!*

Als Suppeneinlage, gebacken, frittiert, geschmort, mariniert, als Hack, mit klein geschnittenen Morcheln als Füllung gebratener Teigtaschen oder auch, in aromatische Betelblätter eingewickelt, am Spieß: Das Restaurant Soy in der Maxvorstadt (und auch sein Namensvetter in Berlin) ist nach dem englischen Wort für Soja benannt, der Grundzutat für Tofu, und zeigt die mannigfaltigen Varianten von dessen Zubereitung auf.

Etwa bei Nummer 53 der vegan-vietnamesischen Karte, dem Chả Cá: Für das traditionelle Gericht, nach dem sogar eine Straße der Altstadt Hanois benannt wurde, wird üblicherweise marinierter Fisch zunächst über Holzkohle gegrillt, anschließend frittiert und mit Nudeln und Dill serviert. Auch die Köche im Soy nutzen beim Abschmecken Dill, Lauchzwiebeln, Galgant und Zitronengras, wickeln aber vor allem ihr pikantes Tofu- und Austernpilze-Hack in Seetang ein, »das gibt dem Gericht eine fischartige Note«, erläutert Inhaber Thai Hung Pham.

Pham kommt aus dem nordvietnamesischen Ninh Bình, hier steht die Bái Đính Pagode, Vietnams größter buddhistischer Tempel. Inzwischen ernährten sich viele Vietnamesen vegan, erklärt er, auch aus Glaubensgründen. Und so biete auch seine Karte Speisen, die traditionell von buddhistischen Mönchen gegessen würden. Kho To mit Pilzen und Tofu etwa, kräftig mit Chiliöl, Erdnusssoße und Pfeffer gewürzt. »Kho« umschreibt die Kochtechnik, etwas bei geringer Hitze zu schmoren, während »To« den Tontopf bezeichnet, in dem das passiert.

Dass Fleischverzicht nichts mit Askese zu tun haben muss, bekundet das schicke Soy auch durchs Ambiente: dunkles Parkett, Samtbestuhlung, sanftes Licht. Wie war die Losung des Restaurants noch mal? Ach ja: »Diejenigen, die bisher schlechte Erfahrungen mit Tofu gemacht haben, möchten wir gern vom Gegenteil überzeugen.« Das machen sie gut. Falls die Theresienstraße irgendwann auch kulinarisch umbenannt werden sollte – »Am Tofu-Tor«, das wäre doch was.

**Adresse** Theresienstraße 93, 80333 München, Tel. 089/54540886 | **ÖPNV** U 2, Haltestelle Theresienstraße | www.soy-muenchen.com

# 96\_ Suzuki Nomnom
*Hausmannskost aus Japan*

Schon seit 2002 verkauft Frau Suzuki japanische Lebensmittel und Geschenke in der Isarvorstadt, 2019 begann sie, in ihrem Laden auch zu kochen. »Ich möchte Essen aus meiner Heimat vorstellen«, sagt die Tokioterin, die seit 20 Jahren in München lebt. »Es gibt hier viele japanische Lokale, aber oft ohne japanischen Wirt«, nickt sie. Das sei schon in Ordnung. »Aber ich wollte mein Japan zeigen.« Und traditionelle Gerichte so zubereiten, wie die Menschen in Tokio das in ihren Küchen eben auch tun.

Wenn sie nicht gerade in ihrer Heimat ist, schnippelt Frau Suzuki also frisches Gemüse und bereitet ihre japanischen Klassiker für den Mittagstisch zu. Samstags etwa gerne Okonomiyaki, nach dem japanischen Wort *yaki* für gebraten oder gegrillt und dem klangvollen *okonomi*, was übersetzt so viel heißt wie Geschmack. Es sind herzhafte Teigfladen, man könnte sagen: die japanische Variante von Pfannkuchen. Manche nennen es sogar – Achtung! – japanische Pizza. Es ist dann aber doch ziemlich anders: Zubereitet auf einer heißen Eisenplatte, besteht der Basisteig aus Weizenmehl, Eiern, Dashi-Brühe und geraspeltem Weißkohl. Abschließend gewürzt werden die Fladen mit japanischer Mayonnaise und dann nach Gusto (oh, doch italiensch!) belegt, traditionell etwa mit grünem Seetang, Bonitoflocken und eingelegtem Ingwer.

Alles wird auf Geschirr aus Kyōto angerichtet, ob Reisschüssel mit Tofu, Udon-Nudelsuppe oder die Reissuppe Zosui mit Shrimps in kräftiger Dashibrühe. Für den süßen Gaumen bereitet Frau Suzuki Ichigo-Daifuku zu: weiche, mit einer Paste aus zerstampften roten Adzukibohnen und Zucker gefüllte Reisküchlein.

Die Tische sind mit Moosbällen dekoriert, aus denen Zierpflanzen wachsen. die Kokedama einer befreundeten Japanerin kann man genauso erwerben wie japanische Keramik, ausgewählten Sake oder Schnickschnack. Ein bisschen Japanluft, ohne München zu verlassen, bietet Frau Suzuki. *Arigatou gozaimasu*, vielen Dank dafür!

Adresse Rumfordstraße 40, 80469 München, Tel. 089/21669555 | ÖPNV alle S-Bahnen, Tram 16, 17, Haltestelle Isartor | www.feinkost-ysuzuki.com

# 97 _ Tantris
*Hummerrot und Trüffelschwarz*

Dieser Ort ist eine Legende: Das erste Sternerestaurant Deutschlands. Über die Betonarchitektur des 1971 eröffneten und durchgehend mindestens zweifach besternten Gourmettempels wurde viel gefrotzelt, es fielen Begriffe wie »Autobahnkapelle«. Mittlerweile ist das Design der 1970er Jahre innen wie außen denkmalgeschützt und die Chefköche, die den Laden in fünf Jahrzehnten prägten – Eckart Witzigmann, Heinz Winkler, Hans Haas – quasi mit. Zu verdanken ist diese Geburtsstätte der Haute Cuisine in Deutschland dem Gourmet und Baulöwen Fritz Eichbauer. Unter dessen Sohn Felix wurde das Tantris 2021 generalsaniert und mit einem jüngeren Konzept versehen: Die Bar (Jörg! Einen Tantroni!), das zweifach besternte Gourmetrestaurant mit Menüfolge sowie das À la carte-Restaurant (ein Stern) mit Interpretationen von Tantris-Klassikern. Doch am Gesamtkunstwerk ändert das nichts: Vorherrschend bleibt die *atmosphère feutrée*, leiser Jazz und das Hummerrot und Trüffelschwarz, nach dem nicht nur die Menüfolgen im Gourmetrestaurant heißen, sondern auch die Farbgebung der ikonischen Inneneinrichtung, selbst das Personal trägt hummerrote Fliegen zum Gilet.

Inzwischen führen die Eichbauers zudem das toskanische Weingut Podere Salicutti, nach ihrem Brunello di Montalcino aus Demeter-zertifiziertem Anbau wird gern verlangt. Und Felix Eichbauer hat für seine Neueröffnung beim Drei-Sterne-Franzosen Michel Troisgros den jungen Küchenchef Benjamin Chmura gefunden, der im Tantris gleich wieder zwei Sterne erkochte. Inzwischen ist ein weiterer Kontakt nach Frankreich aber genauso wichtig: »Der wurde in der Bretagne geangelt«, klärt der junge Mann im Service die Herkunft des rohen Bonitos auf einer Polenta-Tartelette: »Antoine ist ein Freund vom Chefkoch. Der fischt für uns mit seinen fünf Bötchen, das Kleinste sogar nur ein Ruderboot.« Was braucht's zur Legende? Menschen, die, ihr Flair und Farbe geben. Und letztere am liebsten in Hummerrot und Trüffelschwarz.

Adresse Johann-Fichte-Straße 7, 80805 München, Tel. 089/3619590 | ÖPNV U 6, Haltestelle Dietlindenstraße | www.tantris.de | Tipp Sogar ins Allerheiligste kann man im Tantris mittlerweile vordringen: Beim Dinner am Pass, der Schnittstelle zwischen Küche und Service, bleiben (fast!) keine Küchengeheimnisse von Chefkoch Benjamin Chmura und Chef-Pâtissier Maxime Rebmann offen. Nachmachen wird wohl dennoch schwierig.

## 98 Tepsija
*Tiefsinn und Teigschnecken*

Dass der Teig für dieses herzhafte Backwerk frisch zubereitet wird, schmeckt man nicht nur, das hört man auch: Durch den Vorhang, der Küche und Gastraum trennt, dringt beständiges Klopfen, muss man den Burekteig aus Weizenmehl, Wasser, etwas Salz und Pflanzenfett doch auf den Tisch schlagen und ausklopfen, bis er ganz dünn ist. Dann wird die Füllung darauf verteilt – Spinat-Käse etwa oder das Rinderhack, halal, vom Münchner Schlachthof –, das Ganze schließlich zur Schnecke eingerollt und in einer Kupferpfanne bei 300 Grad Celsius gebacken.

Die Pfannen, in denen der Burek auch serviert wird, hängen in kleiner, mittlerer und großer Ausführung an der Ziegelmauerwand des auf Teiggerichte spezialisierten »Tepsija« – nach dem bosnischen Wort für Pfanne. »Die große Portion schafft nicht einmal ein Bosnier«, gibt der Kellner zu, als er einen der tiefen Stieltöpfe mit dampfender Hackfleischfüllung an den Tisch bringt. Außen dunkel und resch gebacken, ist der Burek innen weich und saftig, die Finger werden fettig vom glänzenden Teig.

»Wir sind alle aus Sarajevo«, erklärt der kellnernde Literaturwissenschaftler, der sich freut, dass man nach dem Schwarz-Weiß-Porträt von Meša Selimović fragt, der hätte schließlich »fast den Literaturnobelpreis« erhalten. Weil man sich für seine Kultur interessiert, schaltet er auf den Musikkanal des Fernsehers: Vanja Muhović interpretiert an der Langhalslaute den Sevdah, die Musik traditioneller Liebeslyrik, voll melancholischer Folklore. Einen Moment lang fühlt es sich an, als öffnete sich der ganze Balkan hin zur Rosenheimer Straße.

Zum Mokka wird Fruchtgeleekonfekt gereicht. Und Zuckerwürfel, die aussehen wie aus einem Marmorsteinbruch herausgeklopft. Im langstieligen Silberkännchen muss sich der Mokka setzen. »Dann erst langsam eingießen«, mahnt der Kellner. Das Tepsija bietet viel mehr als Bureks – einen Crashkurs nämlich zu Geschmack und Geschichte Bosniens.

Adresse Rosenheimer Straße 111, 81667 München, Tel. 089/74051185 | ÖPNV alle S-Bahnen, Haltestelle Rosenheimer Platz | www.tepsija.rocks

# 99__ Th Café
*Mürbteig-Moleküle*

Ein Eckcafé mit durchgehender Glasfront, das Interieur in Taubenblau und hellen Grautönen. Kissen auf der langen Fensterbank und Panton-Chair-Freischwinger in dunklem Kunststoff an den Holztischen laden zum Sitzen ein. Hier kann man es aushalten, ganz schön lange sogar. Und mehr noch als am Mobiliar liegt das sicherlich an den selbst gebackenen Kuchen von Hewan Herrmann. Sie ist das »h« im Th Café, das sie gemeinsam mit ihrem Mann Tino Herrmann betreibt.

Glashaube an Glashaube stehen ihre Kreationen auf dem mittig platzierten Tresen. Was oben nicht mehr draufpasst, muss in die im Thekenfuß eingebaute Glasvitrine: »Es gibt keinen Tag, an dem ich nicht backe«, lacht die Schwabingerin. Rund 15 verschiedene Kuchen sind im Angebot: Schokoladentarte, Kirsch-Mandel-, Marmor- oder Butterkuchen – und wenn man besonderes Glück hat, erwischt man den Beeren-Käsekuchen mit dem Buttermürbteigrand noch ofenwarm und mit einem Duft, der von Wohlwollen und Trost erzählt, von Festtagen und Butterplätzchen.

Wer nichts Süßes möchte, die kleine Karte des Th Cafés hat zum Frühstück und mittags auch Herzhaftes zu bieten. Oder Scharfes. Dank ihrer Eltern aus Äthiopien und Eritrea ist Hewan Herrmann mit Berbere aufgewachsen. Die Gewürzmischung, in der unter anderem Chili, Ingwer, Zwiebeln, Zimt, Gewürznelke und Stangenpfeffer zum Einsatz kommen, ist in beiden Landesküchen beheimatet und variiert im Th Café beispielsweise in »Rühreier afrikanisch« den Frühstücksklassiker. Hermanns Mutter eröffnete einst das erste äthiopische Restaurant Münchens, heute kocht sie im Café ihrer Tochter hin und wieder nordostafrikanische Spezialitäten.

Falls danach kein Platz mehr im Magen für Kuchen sein sollte, muss man eben am nächsten Tag wiederkommen. Zu Beere-Käse, hoffentlich noch warm. Gekühlt aber auf keinen Fall, weil das die Chefin nicht mag: »Hier gibt's den Kuchen bei Zimmertemperatur. Wie zu Hause eben.« Ganz genau. Wie zu Hause.

Adresse Georgenstraße 35, 80799 München, Tel. 089/38869777 | ÖPNV Tram 12, 27, 28, Haltestelle Nordendstraße | www.facebook.com/Thcafemuenchen

# 100 the spice bazaar
*Orientalisierendes hinter der Oper*

Bei einem Beirut-Besuch des Restaurant-Führungsteams sei das Gericht entstanden, erzählt Küchenchef Antonio Wanner: Ein im Ganzen gegrillter Blumenkohl auf einem Bett aus mit Salzzitronen säuerlich abgeschmeckter Blumenkohlcreme. Wenn es den Karfiolkopf gerade auf der Speisekarte nicht gibt, dann vielleicht dafür geschnittenen Blumenkohl, in Purple Curry mariniert, langsam im Ofen gegart, kurz gegrillt, mit weißem Jalapeño-Kokos-Curry übergossen und mit gebratenen Shitake, Koriander und knusprigem Crumble garniert. Und einem Wumms, den man Blumenkohl so gar nicht zutraut.

»Wir sind nicht authentisch orientalisch«, erklärt Wanner. »Bei uns sind viele Fusionen dabei, es gibt Einflüsse aus Marokko, der Türkei, dem Iran, Afghanistan oder eben dem Libanon.« Die Gewürze eines Orients »fantaisiste« ziehen sich durch sämtliche Gerichte wie ein granatapfelroter Faden. Wie das Erlernen einer neuen Sprache sei das, nickt Wanner, der bei Dallmayr ausgebildet wurde, bei Heinz Winkler im Chiemgau kochte und jetzt auf der Geschmacksklaviatur von schwarzem Kardamom, Chipotle-Chili, Sumach, Berberitze und Dattelsirup seine Fingerfertigkeit beweist. Etwa bei den karamellisierten »Finger-licking beef ribs«, die – wie sämtliches Fleisch und auch die Eier – aus ökologischer, artgerechter Tierhaltung stammen. Damit das Fingerlecken nicht nur Umschreibung bleibt, bepinselt der Koch die Rinderrippchen mit einer Glasur aus gerösteten, in Honig und Zuckerrübensirup eingekochten Gewürzen und grillt sie nach achtstündigem Niedrigtemperaturgaren noch kurz an.

Stoffe in warmen Farben und schimmernde Goldtöne stimmen in dem Restaurant hinter der Oper auf die Gerichte ein. Gedimmtes Licht fällt durch die Gitter-Ornamentik der Maschrabiyya. Marokko oder Marstallplatz? Eine Frage, die von den Machern des spice bazaars ähnlich beantwortet wird wie in Goethes »West-östlichem Divan«: »Wer sich selbst und andre kennt / Wird auch hier erkennen / Orient und Okzident / Sind nicht mehr zu trennen.«

Adresse Marstallplatz 3, 80539 München, Tel. 089/25547777 | ÖPNV alle S-Bahnen, U3, U6, Haltestelle Marienplatz; U3, U4, U5, U6, Haltestelle Odeonsplatz | www.thespicebazaar.de

# 101 tío
*Das Tapas-Tutorium*

Eigentlich habe es damit begonnen, dass beim gemeinsamen BWL-Studium in Regensburg »zu schäbige Snacks« die studentischen Gelage begleiteten, erinnert sich Alexander Köppler. »Und dann hat Mitch angefangen, Vorspeisen und Platten vorzubereiten«, bringt der junge Gastronom seinen Kompagnon ins Spiel. Seither hat Michel Tato, genannt Mitch, gar nicht mehr aufgehört, verschiedenste Häppchen auszutüfteln oder Pasta zu kochen. Und zwar so gut, dass die beiden in der Maxvorstadt – also im Univiertel – eine Tapas-Bar eröffneten, mit breiter Fensterfront, Stühlen in verschiedenen Blautönen und Arabeskenfliesen hinter der Bar fürs spanische Flair. »Wir haben eine Vorliebe für mediterrane Küche«, sagt Köppler, der für ein Studiensemester in die andalusische Hafenstadt Almería zog – und dann aufgrund eines Verwaltungsfehlers keine Seminare besuchen konnte. »Also habe ich die Tapas-Bars studiert«, lacht der Mittdreißiger. Die Familie von Küchen-Autodidakt Tato stammt aus Sevilla. Die Karte spiegele wider, was er selbst gern esse, so der Halbspanier.

Jetzt legt er also Oliven in Zitrusschalen, Fenchelsamen, Rosmarin, frischem Knoblauch und »natürlich bestem Olivenöl« ein und serviert sie zum honigbeträufelten, kaffeebestäubten Manchego-Käse. Oder röstet verschiedene mexikanische Chilisorten, bis sie fein rauchig werden, als Basis für sein Chili sin Carne mit Bohnen. Man kann sich aber auch für die frittierten Oktopusstreifen mit Aioli entscheiden, die Kürbis-Kroketten mit Orange-Minz-Sour-Cream, den für 18 Monate luftgetrockneten Serranoschinken aus artgerechter Tierhaltung. Oder man bestellt einfach alles, das ist ja gerade Schönheit und Sinn der Tapas-Kultur.

Es solle Gelassenheit mitschwingen, resümiert Köppler den Anspruch der eigenen Bar. Mit Betriebswirtschaftslehre hätten sie heute allerdings nicht mehr viel zu tun, verneint das Betreiber-Duo: »Nur noch für die eigene Buchhaltung.«

Adresse Theresienstraße 134, 80333 München, Tel. 089/24591125 | ÖPNV U 2, Haltestelle Theresienstraße | www.tio-bar.de

# 102 Trader Vic's
*Polynesien am Promenadeplatz*

Raumdecken aus Bambusgeflecht mit herabhängenden Kugelfischen, verwinkelte Nischen, geschmückt mit philippinischen Capiz-Muscheln, handgearbeitete Tikis aus Fidschi. Wer das Trader Vic's aufsucht, findet seit 1971 im Untergeschoss des Hotels Bayerischer Hof – neben vielen prominenten Stammgästen – nichts Geringeres als den Münchner Außenposten der Südsee.

Küchenchef Tahsin Pehlevan, der seine Karriere als Spüler begann, arbeitet seit fast 50 Jahren im Hotel. Seine Cross-over-Küche aus asiatischen und amerikanischen Gerichten ist breit aufgestellt: Hausgemachte Frühlingsröllchen bietet er genauso an wie »Five Chinese Spoons« mit jeweils einem Happen von in Panko panierter Garnele, gegrillter Jakobsmuschel, krosser Wan-Tan-Teigtasche mit Schweinefleisch-Garnelen-Lauchzwiebel-Bambus-Füllung, Palmenherzen mit Lachskaviar und grünem Papayasalat. Oder er röstet einen Lammbraten im über 500 Grad heißen chinesischen Steinofen. Pehlevan mariniert auch die köstlich zarten Cho-Cho-Rindfleischspießchen, sodass der Gast sie in wenigen Minuten selbst über einem Tischfeuer garen kann, eine sehr meditative Angelegenheit an blauer Flamme.

Noch besser ins Feuer starren lässt es sich mit der richtigen Tiki-Cocktail-Begleitung. Der amerikanische Begründer der Trader-Vic's-Franchise-Kette reklamierte zwar für sich, den Mai Tai im Jahre 1944 kreiert zu haben. Dennoch sei besonders der Menehune Juice ans Herz gelegt. »Menehune« werden unsichtbare Wichtelmänner auf Hawaii genannt, die den Menschen Gutes tun, erklärt die Getränkekarte. Und die nur zu Gesicht bekommt, wer diesen Cocktail trinkt. Das ist einerseits Magie, andererseits recht simpel fassbar: Der Menehune steckt nämlich als Plastikkerlchen mit im Glas. Und wer sich so über den Abend eine ganze Menehune-Sammlung erarbeitete, fühlt sich auf dem Nachhauseweg dann wie … ein Münchner im hawaiischen Himmel. Mindestens. Aloha, sog i!

Adresse Hotel Bayerischer Hof, Promenadeplatz 4, 80333 München, Tel. 089/2120995 |
ÖPNV alle S-Bahnen, U3, U6, Haltestelle Marienplatz | www.bayerischerhof.de

# 103 Viktualienmarkt-Tour
*Tradition und junge Wuide*

Es ist immer schön, über den Viktualienmarkt zu schlendern. Doch so richtig eintauchen in den sich seit 1807 hier befindlichen Markt – auf dem es von der Auster bis zum Sauren Zipfel so ziemlich alles gibt, was als Schmankerl gilt – gelingt noch besser mit Franziska Dorner. Die gebürtige Augsburgerin gehört zu den Tourguides von München Tourismus, die hier offiziell führen dürfen, und vermittelt bei der rund anderthalbstündigen Probiertour Wissenswertes zu Geschichte und Wandel. Sie vergisst aber auch die kulinarischen Stopps nicht, denn Probieren geht ja bekanntlich über Studieren, und das gilt bei Viktualien – im 19. Jahrhundert ein beliebter latinisierter Begriff für Lebensmittel – nun mal besonders.

Munter erklärt Dorner, worum es geht: »Lebensfreude, Genuss, a Glaserl Wein.« Wenngleich bei der Tour eher Saft beim Trübenecker probiert wird, Schlangenhautfrucht beim Obststandl oder die resche Breze von Karnoll, die vielen Münchnern als die beste der Stadt gilt. Die Food-Führerin freut sich besonders über die »jungen Wuiden« am Markt: die Kaffeerösterei mit ihren nachhaltigen Bechern aus Maisstärke oder »Wilde Zeiten« in der Metzgerzeile, deren Betreiber sich für bewussten Fleischkonsum aussprechen und Hirschsalami aus der eigenen Jagd anbieten.

Die Großeltern Dorners waren mit Gustl Feldmeier befreundet, dem damals das Traditionskaufhaus Ludwig Beck gehörte und der seinen geliebten Volksschauspielern ein Denkmal errichten wollte. »Am schönsten Platzl, wo das Herz Münchens am lautesten schlägt«, zitiert Dorner den Gönner. Als Karl Valentins Kabarett-Partnerin Liesl Karlstadt den Textilunternehmer fragte, wann sie denn endlich eine eigene Skulptur erhalte, sei dessen Antwort gewesen: »Z'erst stirbst.« Heute fließt am Liesl-Karlstadt-Brunnen Trinkwasser, wie auch an den fünf übrigen nach Schauspielern und Kabarettisten benannten Brunnen am Viktualienmarkt. Mei, ob des no was wird mit dem Glaserl Wein?

**Adresse** München Tourismus, Marienplatz 8, 80331 München, Tel. 089/23396500, Kosten 30 Euro/Person | **ÖPNV** alle S-Bahnen, U3, U6, Haltestelle Marienplatz | www.einfach-muenchen.de/viktualienmarkt-probiertour

# 104 Waldwirtschaft Bienenheim
*Wo Honigbier fließt*

In der Aubinger Lohe, einem Waldgebiet am westlichen Rand Münchens, geht es gemächlich zu. Zumindest wenn man keine Biene aus dem Bienenzucht- und Obstbauverein München-Lochhausen ist, der hier sein Vereinsgelände hat, samt Imkerparzellen, Schrebergärten und Honigschleuderraum. Alle anderen Besucher dürfen entschleunigen, ganz besonders auf der Terrasse der Waldwirtschaft Bienenheim. Hier werden nicht nur ansässige Bienenzüchter bewirtet, sondern all jene, denen der Sinn nach saisonaler, frischer Küche ohne Geschmacksverstärker und Vorgefertigtes steht.

So hat es das Lokal von Wolfgang Niederdorfer auch in den Slow-Food-Genussführer geschafft. Der Küchenchef betont: »Je mehr ich mich mit Lebensmitteln beschäftigte, desto mehr zog es mich zum natürlichen Genuss hin.« Schon seit 2010 verfolgt der Münchner seinen Weg zu Hausgemachtem und der Zubereitung à la minute. Die Stundenente aus artgerechter Tierhaltung dauert allerdings etwas länger, wird die Viertel-Grill-Ente doch zwei Stunden bei niedriger Temperatur gebraten. Dazu passen Kartoffelknödel und winterlich gewürztes Blaukraut, abgeschmeckt mit Zwetschge, Weintrauben, Sternanis, Lebkuchengewürz, Nelke und Wacholderbeeren.

In der Wirtschaft gibt es gläserweise goldgelben bayerischen Honig. Und natürlich erweist Niederdorfer dem Bienenprodukt in seinem Menü Reverenz, mit dem Imkerbraten aus der Schweineschulter in Dunkelbier-Honigsoße und Bayerisch Kraut – oder den süffigen Honigbieren der Getränkekarte.

Abgesehen vom punktuellen Torgeschrei des benachbarten Sportplatzes ist das Bienenheim ein ruhiges Fleckchen. Nur Stimmengemurmel und die Schritte der Gastronomentochter im Kies. »Gut Ding braucht Weile und keine Eile« ist ein Motto Niederdorfers. Nicht einmal die Bienen summen geschäftig. Einfach mal Pause. Ist das schön.

**Adresse** Bienenheimstraße 11, 81249 München, Tel. 089/89555927 | **ÖPNV** Bus 162, Haltestelle Federseestraße | www.waldwirtschaft-bienenheim.de | **Tipp** Eine Stundenente muss man vorbestellen – überhaupt ist Reservieren hier eine gute Idee.

# 105 WaWi Großhesselohe
*Brathendl und die bayerische Biergartenrevolution*

Streng genommen befindet sich die Waldwirtschaft auf Pullacher Gemeindegebiet – dennoch ist der Traditionsgasthof mit Biergarten ein echtes Stück Münchner Lebensgefühl. Bier wird an dieser Stelle auf dem westlichen Hochufer der Isar bereits seit dem 15. Jahrhundert ausgeschenkt – und mindestens genauso lange kehren die Münchner hier schon ein.

Heute birgt der Biergarten rund 2.500 Plätze, im zentralen Musikpavillon wird Jazz gespielt. Es gibt Brathendl, Short Ribs, Spaten-Bier und Schiffschaukeln für die Kinder. Bereits bei zwölf, 13 Grad sei der Biergarten geöffnet, nickt Wirt Erhard Schneider. Wem das zu frisch ist, der bestellt sich in der Stube am Kachelofen die Steinpilze in Andechser Kräuterrahm mit handgedrehten Semmelknödeln. Oder die »Portion Ganserl« mit Kartoffelknödel und frischem Apfelkompott zum Blaukraut.

Kult und Kulturgut ist die WaWi und von der Spider Murphy Gang besungen: »I sitz im Biergartn drauß in da Woldwirtschaft / Und lösch mit a Mass mein Sonnabrand.« Ganz genauso haben es viele getan, auch Arnold Schwarzenegger und Angela Merkel. Na ja, Letztere vielleicht ohne den Brand, aber Geschichte geschrieben, auch politische, wurde hier unbedingt: 1995 geriet die WaWi nämlich zum Auslöser der ersten bayerischen Biergartenrevolution.

»Anfang der 90er Jahre beschwerten sich hier ein paar Anwohner über den Lärm«, erklärt Schneider und deutet in Richtung der Villen von Pullach. Daraufhin ordnete der Bayerische Verwaltungsgerichtshof eine frühere Sperrstunde von 21.30 Uhr an. Im Mai 1995 demonstrierten über 20.000 Münchner auf dem Marienplatz, aus ganz Bayern wurden Unterschriften zusammengetragen. Mit Erfolg: Die Bayerische Staatsregierung erließ die Bayerische Biergartenverordnung – die Biergärten beim Lärmschutz privilegiert. »1996 war dann wieder eine normale Saison«, schließt Schneider zufrieden. Und die WaWi seither wieder erst um 23 Uhr.

**Adresse** Georg-Kalb-Straße 3, 82049 Pullach im Isartal, Tel. 089/74994030 | **ÖPNV** S 7, S 20, Haltestelle Großhesselohe Isartalbahnhof | www.waldwirtschaft.de

# 106 — Weinhaus Neuner
*Ein Santé der Gemütlichkeit*

Es ist ein Wirtshaus de luxe, das man hinter der frühklassizistischen Fassade vorfindet. Ein unkompliziertes, mit einer Weinkarte, wie man sie sonst eher aus der Sternegastronomie kennt. Das ist einerseits der Tatsache geschuldet, dass dieses älteste Weinhaus der Stadt seit 1852 zum Besitz der Weinhändlerfamilie Neuner gehört. Aber es liegt auch daran, dass Fabrice Kieffer seit einigen Jahren hier Pächter ist. Der Elsässer Winzersohn ist Sommelier – und obendrein Patron im wenige Gehminuten entfernten Sternerestaurant Les Deux.

Alles atmet Bewirtungsgeschichte in diesem denkmalgeschützten Stadthaus, dessen Mauern und Gewölbe bis ins späte 15. Jahrhundert zurückreichen. Doch trotz schwerer Wandvertäfelungen und den Altmünchner Szenen des Malers Sigmund Eggert, die längst vergangene Zeiten heraufbeschwören, liegt in den Bilderbuchwirtshausräumen kein bisschen Staub in der Luft. Im als Schwemme neu gestalteten Eingangsbereich finden am langen Holztisch einige Weintrinker Platz, warm fällt Licht durch Flaschenglas, eine geschnitzte Madonna blickt gütig auf zechende Gäste.

Diesem Rahmen angepasst, will Benjamin Kunz Rezeptklassiker zurück ins Zeitgenössische holen. Dazu gehören für den gebürtigen Münchner auch unbeliebtere Fleischteile. »Dieser Grundgedanke taucht ja als ›Nose to Tail‹ gerade überall auf, gehört aber für mich zur ganz normalen Küchengeschichte.« Der Enddreißiger kochte zuvor in Kieffers Les Deux, im Weinhaus Neuner darf er sich nun als Küchenchef mit voralpenländischen Zutaten ausleben, etwa bei Saibling vom Tegernsee oder geschmorten Ochsenbäckchen mit Schupfnudeln. Für die Bäckchen brauche es Zeit, erklärt er. Rund acht Stunden schmoren sie im Topf, in immensen Mengen an Burgunderwein, wie sich das für diese Adresse gehört. Den Alkohol koche er zuvor allerdings aus, präzisiert Kunz, dem Fleischgeschmack zuliebe. Aber pst! Bitte erwähnen Sie das nicht vor der Besitzerfamilie.

**Adresse** Herzogspitalstraße 8, 80331 München, Tel. 089/2603954 | **ÖPNV** alle S-Bahnen, U 4, U 5, Haltestelle Karlsplatz (Stachus) | www.weinhaus-neuner.de

# 107 Werneckhof Sigi Schelling

*Kaviar und Karkassen*

Es ist ein Gericht, das Sigi Schelling bereits im Tantris zubereitete, an der Seite von Hans Haas: Lauchpüree mit Imperial Kaviar und brauner Butter. Der Butterschaum züngelt nach dem Kartoffelpüree mit eingearbeiteter Lauchpaste, obenauf sitzt eine Kaviarnocke. Reduktion aufs Wesentliche, pur belassene Zutaten, glücksspendende Buttrigkeit, das stimmig austarierte Gegenüber. Man spürt noch immer ein bisschen Haas in den präzisen Handgriffen der Vorarlbergerin, die 2000 ein Praktikum bei ihm absolvierte, 2006 ins Team des Tantris kam – und dort sehr schnell seine Sous-Chefin wurde, für die letzten 14 Jahre der insgesamt 29, in denen ihr Chef seine zwei Sterne verteidigte.

2021 hat Schelling sich im Werneckhof selbstständig gemacht und zeigt dort, dass ihre Besessenheit fürs Produkt der ihres Landsmanns in nichts nachsteht. Das Kalbfleisch kommt vom Bauernhof ihres Bruders im Bregenzerwald: »Das Kalb bekommt nur Milch, kein Heu. Das Fleisch ist so weich, feinporig und hell, der Wahnsinn.« Von einem Freund ihres Bruders bezieht sie die Eier. Und auch die Butter wird zweimal die Woche aus dem Bregenzerwald geliefert.

Bis knapp unter die Restaurantdecke reicht eine Wandskulptur, die Haas seiner Protegée zur Restauranteröffnung vermachte. Von Matratzenfedern stemmen sich Steinbutt-Karkassen, koloriert in glänzenden Lackfarben. Die Plattfischskelette stammen ebenfalls aus dem Tantris. »Haas hat alle Karkassen vom Steinbutt ausgelöst«, erklärt Schelling, »dann kamen sie fünfmal in die Spülmaschine, um den Geruch zu beseitigen.«

An der Skulptur erkenne man sehr schön, wie wichtig ihrem Mentor das Handwerk war, so die Österreicherin. Und ihr eben auch. Die Fische sehen aus wie kleine Drachen, bereit, einen Satz zu machen. Es wird ganz sicher ein Sprung zu den Sternen – den ersten davon erreichte Sigi Schelling bereits wenige Monate nach ihrer Eröffnung.

Adresse Werneckstraße 11, 80802 München, Tel 089/38377464 | ÖPNV U3, U6, Haltestelle Münchner Freiheit | www.werneckhof-schelling.de

# 108 Xiang
*Dichtkunst und Küchendunst*

Wenn in einem Lokal die Jalousien der Fenster heruntergelassen sind, ist das hierzulande für manch einen Grund genug, gar nicht erst hineinzugehen. Im Falle des Xiang wäre das aber ein Fehler. Viele junge Chinesen sitzen hier, manche allein, viele in Gruppen oder mit der Familie, auf allen Tischen stehen Glaskännchen, gefüllt mit duftendem Jasmintee.

Die Speisekarte sieht aus wie ein fernöstliches Reisemagazin und ist schon recht abgegriffen. Wer sich für den ersten Hunger erst mal ein paar der köstlichen, hauchdünnen, knusprig-buttrigen Pfannkuchen zum Tsingtao-Bier bestellt, um dann mit fettigen Händen weiter nach Inspiration zu blättern (was die recht mitgenommenen Seiten schnell erklärt), erhält eine fotografisch begleitete Einführung in breit aufgefächerte chinesische Kulinarik, vor allem aber in die scharfe Küche der Provinz Hunan, für die »Xiang« als Abkürzung steht. »Über die Hälfte unserer Gerichte stammen aus Hunan, einer meiner Köche kommt von dort«, erklärt Restaurantbesitzer Yuanfei Chen.

Im Xiang werden Tausendjährige Eier, Gan-Guo-Ochsenfrösche im Hotpot, gekochte Kutteln mit Rinderlunge, -herz und -zunge sowie Schweineohren in Chiliöl oder gedämpfte Hühnerfüße mit fermentierten Sojabohnen angeboten. Besonders beliebt ist die Nummer 409: knackig angebratene, chiliöl-glänzende grüne Paprika begleitet hier den in mundgerechten Stückchen gebratenen zarten Schweinebauch, dessen Schärfe sich wohlig wärmend über den Rachen ausbreitet.

Eine weitere Spezialität ist der ebenfalls recht scharfe Zizi-Fisch: ein gegrillter Wolfsbarsch mit angebratenem Gemüse und Erdnüssen. Was Zizi denn eigentlich bedeute, will man da wissen. Der Chinese überlegt: »Wenn so ein Fisch in die heiße Pfanne kommt, dann macht er eben ›dschi-schi‹«, flüstert Chen vor. Chinesische Lyrik! Lautmalerei! Was kann man da noch hinzufügen? Der Fisch im Xiang ist eben ein Gedicht.

**Adresse** Alter Messeplatz 4, 80339 München, Tel. 089/51115193 | **ÖPNV** U 4, U 5, Haltestelle Schwanthalerhöhe | www.xiang-restaurant.com

# 109 Zimtschneckenfabrik
*»Happy Kuchen for happy People« in Giesing*

Natürlich könnte man die Zimt-, Blaubeer- oder Vanille-Himbeer-Schnecken auch im Café Fräulein am Rande des Viktualienmarkts essen. Klein, pink und zimtig-wohlriechend ist das, aber immer mit skurrilem Witz: Dem sittsamen Porträt eines Trinkschokolade servierenden Stubenmädchens nach dem Motiv des Pastellmalers Jean-Étienne Liotard hat Café-Besitzer Peter K Eder eine Kippe in den Mund gemalt, damit man die Kopie auch gut vom Original der Dresdener Gemäldegalerie unterscheiden kann. Das Bild gehörte den Eltern der Konditorin Alexandra Mahlen, der Mitinhaberin des »Fräuleins«. Wenn Peter K Eder gerade nicht das Familienerbe seiner Frau umdeutet, verbiegt er Gabeln zu Garderobenhaken oder sucht Einrichtungsstücke auf Trödelmärkten: »Happy Kuchen for happy People«, steht, rosenumrankt, auf einem Stickrahmen.

Gleichwohl ruft dieses Kapitel nicht in die Altstadt, sondern nach Giesing. Hier, an der lärmenden Chiemgaustraße, steht die Zimtschneckenfabrik, die im Grunde eine Manufaktur ist und vom Gastronomenpaar gleichzeitig mit dem »Fräulein« 2013 gegründet wurde. »Wir backen wie vor 100 Jahren«, nickt Eder. Im Teig seien viel Butter, regionales, unbehandeltes Mehl – und vor allem: keine Geschmacksverstärker, keine Farbstoffe, keine Konservierungsstoffe. Morgens um vier geht es los, nach selbst entwickelten Rezepten, etwa für das Blueberry-Fräuleinküchlein mit Frischkäsecreme und selbst gemachter Buttermilch im Teig. Vier Konditoren kann man hinter Glas beim Teigkneten und Zimtschneckenrollen beobachten.

Inzwischen werden einige Münchner Cafés mit dem Zimtschneckenfabrik-Gebäck beliefert. Puristen genießen indes stehend vor der Backstubenfensterfront. Mit jedem süßen Bissen klingt das Rauschen des Verkehrs ferner, werden die vierspurige Straße und die Häuserriegel mehr und mehr in Pastell getaucht, und man würde sich nicht wundern, käme Liotards Schokoladenmädchen gleich ums Eck. Mit Kippe, freilich. Bis sie kommt, tut's aber der Filterkaffee.

**Adresse** Chiemgaustraße 81, 81549 München, Tel. 089/62242255 | **ÖPNV** Tram 18, Haltestelle Chiemgaustraße | www.zimtschneckenfabrik.de

# 110 Zum Kloster
*Bayerisches Bullerbü*

Es ist der vielleicht idyllischste Straßenabschnitt Münchens: Windschief reihen sich Arbeiterhäuschen entlang des Kopfsteinpflasters, Kunsthandwerkateliers bewerben ihr Töpfergut, und der 300 Jahre alte Kriechbaumhof, einst ein Herbergshaus für Tagelöhner, könnte schon im Alleingang das Diktum versinnbildlichen, München sei ein Dorf. Aber wenn in der Haidhausener Preysingstraße dann auch noch die Kirschbäume blühen, lässt sich der Liebreiz des Ortes kaum mehr in Worte fassen – die »Süddeutsche Zeitung« versuchte es mit »Bullerbühaftigkeit«.

Ruth Thurner ist Wirtin der schmucken Gaststätte »Zum Kloster«, die ihr Lebensgefährte Christian Sohl 1980 eröffnete. Seit 1992 arbeitet sie hier, ihr Blickwinkel aufs kirschblütenbekränzte Arbeitsumfeld ist dementsprechend pragmatisch: »Es blüht maximal zehn Tage, man hat aber acht Wochen lang Dreck. Die Straße sieht dann aus, als hätte man sie mit Marmelade geteert.« Danach schweigt die Münchnerin ein paar Minuten, um zufrieden hinzuzufügen: »Wenn es nicht so schön wäre, hätte man's ja nicht so lange ausgehalten.«

Traditionell links war das Lokal seit jeher ausgerichtet, wenn sich das auch in den Anfängen stärker manifestierte als heutzutage. Stammtischgespräche zu Wackersdorf gebe es heute nicht mehr, aber das Publikum von einst kehre noch immer zum Schweinebraten ein, inzwischen eben mit Kindern und Kindeskindern: »Drei, vier Generationen sitzen hier oft beieinander«, zeigt Thurner auf eine Gruppe am Nachbartisch, »das macht das Kloster aus.«

Am schönsten ist es nicht zur Kirschblüten-, sondern zur Aprikosensaison. Dann gibt es selbst gemachte Marillenknödel. Dieses Geräusch, wenn man in den Knödel sticht und der gurgelnde Aprikosensud förmlich aufjuchzt, endlich das enge Topfenkleid verlassen zu dürfen! »Mir tun alle leid, die nicht in Bullerbü leben«, sagt die siebenjährige Inga im Buch von Astrid Lindgren. Hinzuzufügen wäre: oder alle, die nicht von diesen Marillenknödeln kosten.

**Adresse** Preysingstraße 77, 81667 München, Tel. 089/4470564 | **ÖPNV** U 4, U 5, Tram 19, 21, 25, 37, Haltestelle Max-Weber-Platz | www.zumkloster-muenchen.de

# 111 Zwickl
*Pflanzerl und Bier*

Urig ist es in der kleinen Gaststube, der Ausschank in Rufweite der Hochtische ringsum, durch große Rundbogenfenster blickt man auf den Dreifaltigkeitsplatz am östlichen Rand des Viktualienmarkts. Nur vier Häuser grenzen an den kleinen Platz, alle sind Baudenkmäler, alle werden als Lokale genutzt. Da muss man sich klar positionieren, und im Zwickl geschieht das mit der Kombination aus Pflanzerl und Bier. »Das war die Grundidee«, nickt Wirt Markus Götz, geht es doch dabei um nichts Geringeres als bayerische Grundnahrungsmittel. Damit es dennoch keinem langweilig wird, gibt es die handgedrehten Pflanzerl in unterschiedlichsten Varianten.

Das »Fast Pflanzerl« etwa ist ein nur leicht angebratener Rindertatar. Und so ein Pflanzerl, das gehe eben auch auf Indisch, führt Götz an – mit Kreuzkümmel und Curry. Oder mit Chorizo oder Salsiccia, für einen mediterranen Geschmackskick. »Sieben, acht verschiedene Pflanzerl sind im täglichen Angebot«, sagt der Münchner. Weit über 100 hätte seine Frau, eine gelernte Köchin, im Repertoire. »Im Grunde geht alles, was rund präsentiert werden kann«, nickt er. Und natürlich auch vegetarisch, wie das Spinat-Käse-Pflanzerl mit Knödelteig aus Bavaria blu und Bergkäse. Oder der fluffige Zwickl-Klassiker, zubereitet mit Majoran und Bohnenkraut und mit Kartoffel-Bohnen-Salat serviert. Virginie Götz lüftet das Geheimnis der lockeren Masse: »Wir pürieren die frischen Kräuter im Thermomix richtig schaumig.«

Das bayerische Wort »Fleischpflanzerl« ist übrigens vom »Fleischpfannzelten« abgeleitet, was sich irgendwann zu Pflanzerl verschliff. Zelten beschreibt altertümlich einen flachen, leicht gewölbten Kuchen, ein Fleischpflanzerl ist somit ein in der Pfanne gebratener Zelten – ein Fleischküchle. Hier am Dreifaltigkeitsplatz kommen die Bratlinge allerdings gar nicht in die Pfanne – sondern auf den Grill! »Auwehzwick(l)«, sagt da der Sprachwissenschaftler. Der Genießer entgegnet einfach: »An Guadn!«

**Adresse** Dreifaltigkeitsplatz 2, 80331 München, Tel. 089/46228833 | **ÖPNV** alle S-Bahnen, U3, U6, Haltestelle Marienplatz | www.zwickl-muenchen.de

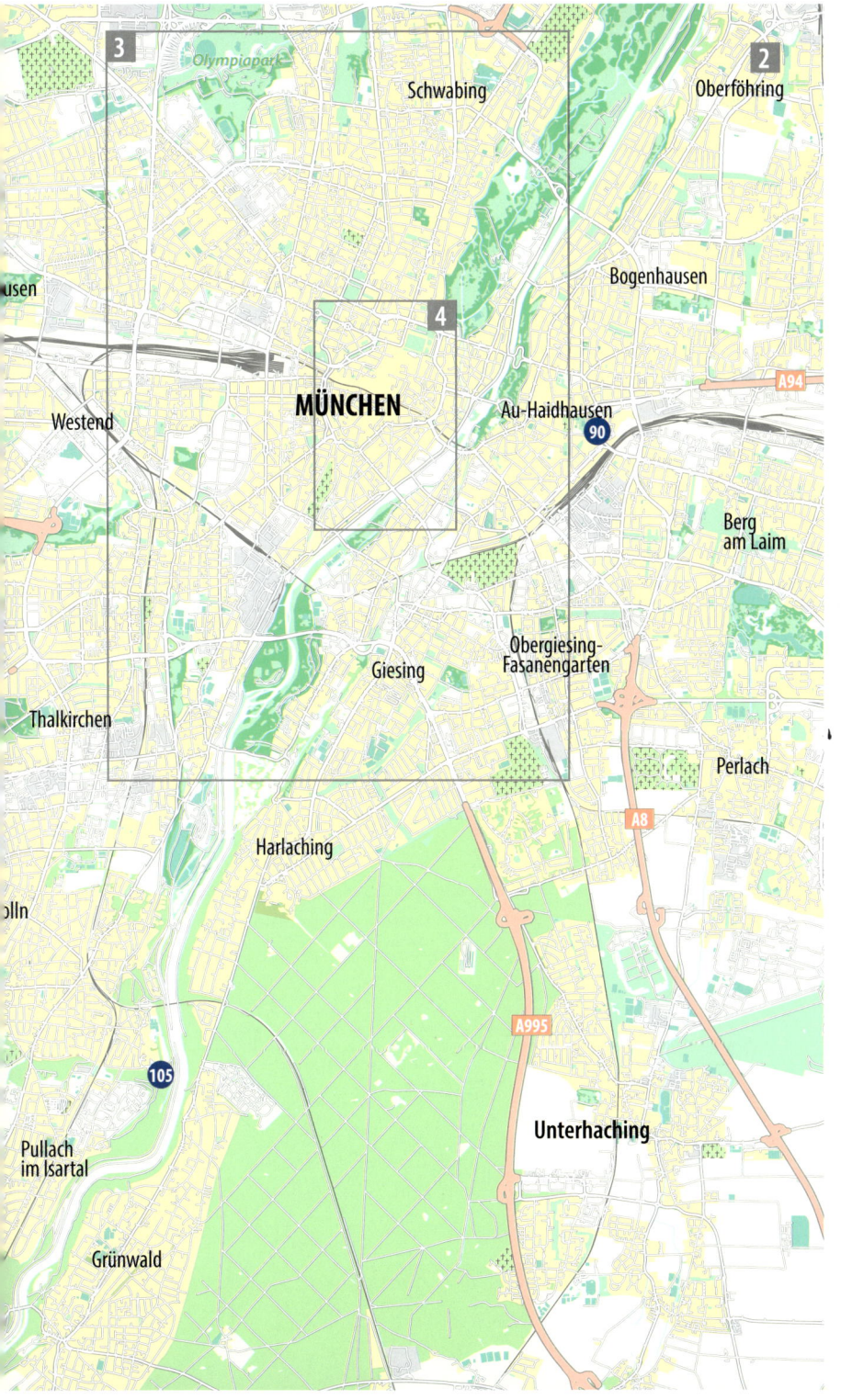

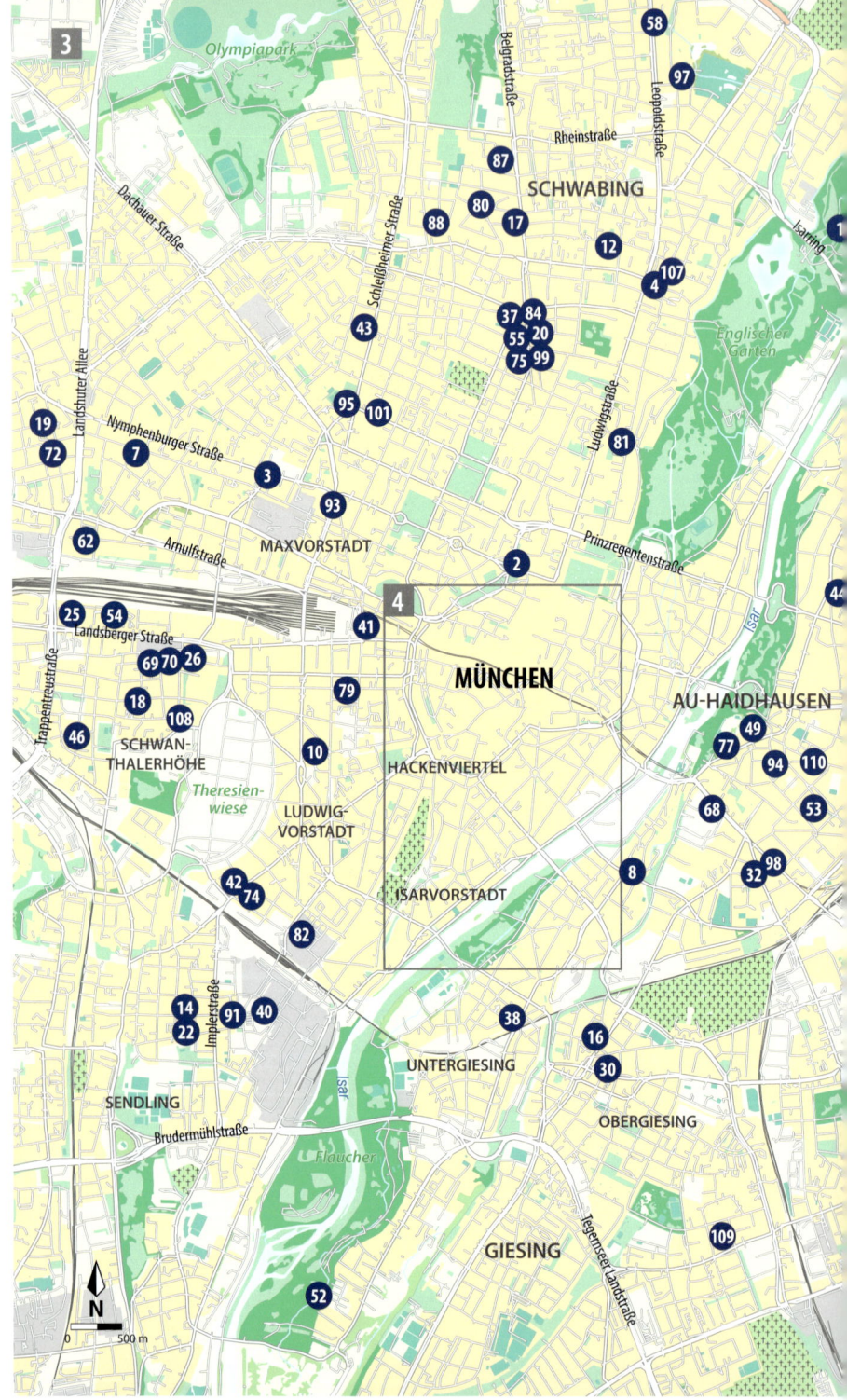

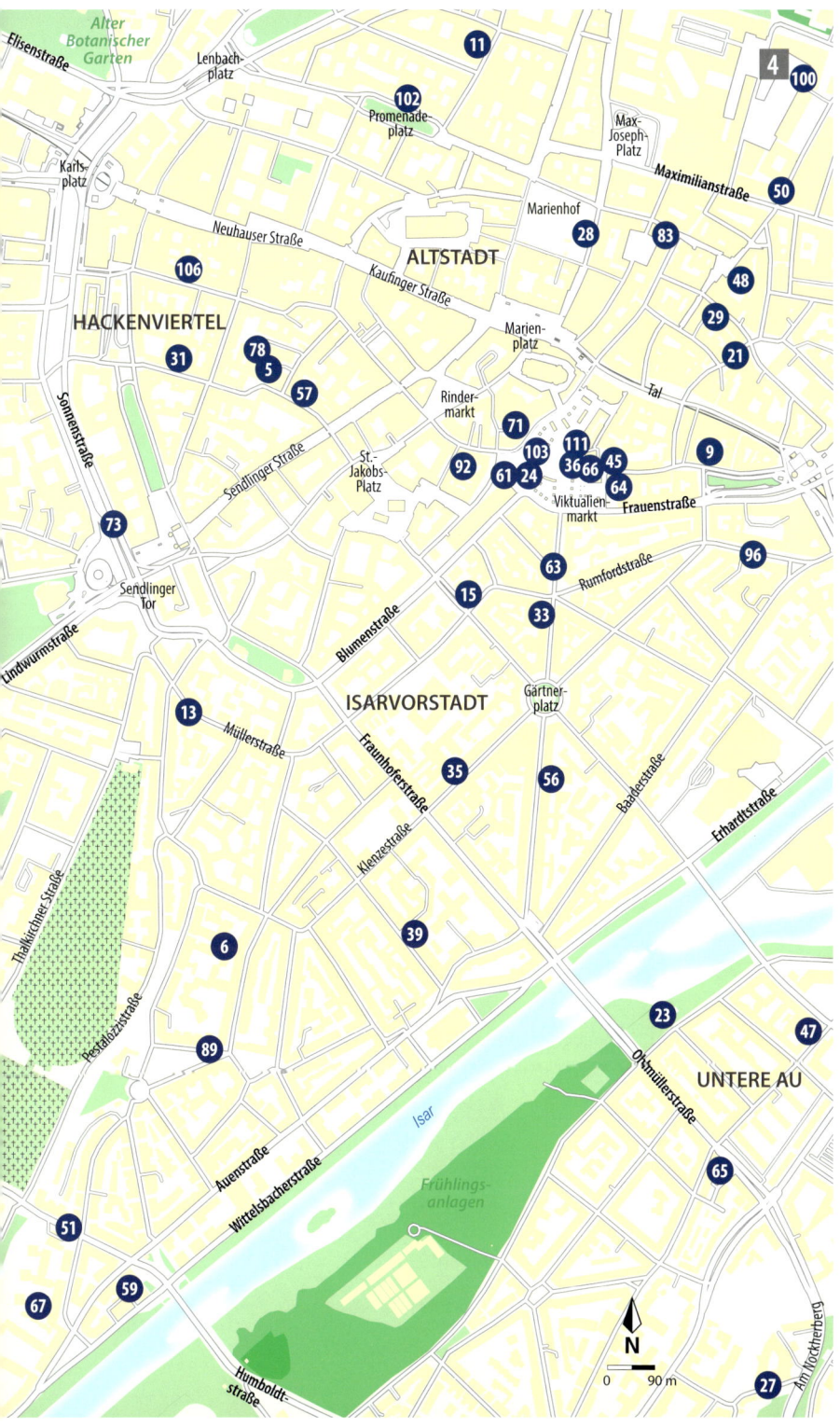

Rüdiger Liedtke
**111 Orte in München, die man gesehen haben muss, Band 1**
ISBN 978-3-7408-2126-5

Rüdiger Liedtke
**111 Orte in München, die man gesehen haben muss, Band 2**
ISBN 978-3-7408-1514-1

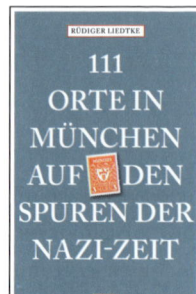

Rüdiger Liedtke
**111 Orte in München auf den Spuren der Nazi-Zeit**
ISBN 978-3-7408-0354-4

Cornelia Ziegler
**111 Orte rund um München, die man gesehen haben muss**
ISBN 978-3-7408-0437-4

Rüdiger Liedtke
**111 Orte in München, die Geschichte erzählen**
ISBN 978-3-7408-2045-9

Christian Gehl
**111 Badeplätze in und um München, die man kennen muss**
ISBN 978-3-7408-1423-6

Rüdiger Liedtke
**111 Münchner Meisterwerke, die man gesehen haben muss**
ISBN 978-3-7408-1297-3

Astrid Süßmuth
**111 Spukorte in und um München, die man gesehen haben muss**
ISBN 978-3-7408-0336-0

Astrid Süßmuth
**111 Almen und Hütten in Oberbayern, die man gesehen haben muss**
ISBN 978-3-7408-1751-0

Martin Droschke
**111 Biere aus Altbayern und Bayerisch-Schwaben, die man getrunken haben muss**
ISBN 978-3-7408-1069-6

Dorothea Steinbacher
**111 Wallfahrtsorte in Oberbayern, die man gesehen haben muss**
ISBN 978-3-7408-1284-3

Reiner Vogel
**111 Orte in Niederbayern, die man gesehen haben muss**
ISBN 978-3-7408-2198-2

Lisa Graf-Riemann, Ottmar Neuburger
**111 Orte vom Wilden Kaiser bis zum Dachstein, die man gesehen haben muss**
ISBN 978-3-7408-0138-0

Astrid Süßmuth
**111 Orte im Werdenfelser Land, die man gesehen haben muss**
ISBN 978-3-7408-0118-2

Julia Lorenzer, Fabian Marcher
**111 Orte in Rosenheim und im Inntal, die man gesehen haben muss**
ISBN 978-3-95451-735-0

Christine Hochreiter
**111 Orte in und um Passau, die man gesehen haben muss**
ISBN 978-3-7408-0733-7

Marko Roeske
**111 Orte im Bayerischen Wald, die man gesehen haben muss**
ISBN 978-3-7408-1690-2

Jochen Reiss
**111 Orte im Fünfseenland, die man gesehen haben muss**
ISBN 978-3-7408-2247-7

*Dank*

an Bubu, dass Du alles viele, viele Tage ohne mich gerockt und die bayerischen Sätze im Buch auf ihre Richtigkeit überprüft hast (bis auf den: Mit Dir is ois schee!). An Ida für die liebevollen, kraftspendenden Briefchen auf meinem Schreibtisch, das war / Du bist wunderbar! An Basti für Deine Begleitung zur Weißwurst beim Wallner, damit ich mich – als gebürtige Baden-Württembergerin und mit erst schlappen zwei Jahrzehnten Bayernerfahrung! – nicht beim Zuzeln blamiere, an Anna für all die veganen Tipps und ein erprobtes Gastro-Netzwerk, an Nando für Deine tolle Wohnung in der Baaderstraße, von der aus ich die Kulinarik Münchens erkunden durfte, wann immer ich wollte. Dank an Maresa von Rebay, auch wenn sie leider nicht mehr unter uns weilt. Sie schenkte München bereits 1946 einen Stern (zu sehen im Aquarell anbei), also lange bevor Michelin das tat. In ihrem Haus und Garten fand ich wundersamerweise die Ruhe, um dieses Buch zu schreiben.

Ich danke unserer ganzen großen Familie und allen Freunden, verbunden mit der Entschuldigung, dass ich mich mit vielen von Euch über viele Monate hinweg entweder gar nicht oder wenn, dann ausschließlich über Restaurants unterhielt. Vielen Dank für all Eure Gastro-Tipps!

An Martin Reifferscheid für Dein Wissen zu den Lokalen und lukullischen Legenden (diese Alliteration schulde ich Dir!) – und für Deine Geduld, Spitzfindigkeit und Wertschätzung beim Durchlesen von zig Texten. An Flo Hagena für Deine Kamera und Expertise sowie für den Unterricht in Food-Fotografie, das war großartig und edelmütig! An Sonja Erdmann vom Emons Verlag, die mich in dieses Buch hineinschubste. An München Tourismus und Frauke Rothschuh vom Referat für Arbeit und Wirtschaft der Landeshauptstadt München, herzlichen Dank für die Unterstützung bei diesem Buch. Ich danke all den besuchten Gastronominnen und Gastronomen fürs Erklären, In-die-Küche-hineinschauen-Dürfen, für all die Extrateller – »Das müssen Sie noch schnell probieren!« – und dafür, dass ich jetzt weiß, wie man ein Onsen-Ei kocht.

 **Evelyn Pschak von Rebay** arbeitet als Kultur- und Reisejournalistin. Ihre Recherchen – etwa für die Süddeutsche Zeitung – führen sie oftmals geradewegs in die besten oder auch ausgefallensten Küchen dieser Welt. Es gibt nun einmal so viel zu sehen, schmecken, riechen! Wenn es sie gerade nicht in die weite Welt verschlägt, dann ist sie und isst sie am liebsten bei oder in München. Denn da schmeckt's einfach sauguad.